11 Learner-Centered Strategies That Ensure Student Success

Teach Smart

PJ Caposey   Todd Whitaker

〔美〕PJ·开普希 托德·威特克尔 著

以学生为中心的
翻转教学
11 法

中国青年出版社
CHINA YOUTH PRESS

中南文传媒

图书在版编目（CIP）数据

以学生为中心的翻转教学11法 /（美）开普，（美）威特克尔著；赵娜译.
—北京：中国青年出版社，2014.10
书名原文：Teach smart: 11 learner–centered strategies that ensure student success
ISBN 978-7-5153-2838-6
Ⅰ.①以… Ⅱ.①开… ②威… ③赵… Ⅲ.①中小学—教学法 Ⅳ.①G632.4
中国版本图书馆CIP数据核字（2014）第230861号

Teach Smart: 11 Learner–Centered Strategies That Ensure Student Success / by PJ Caposey, Todd Whitaker / ISNB: 9781596672499
Copyright © 2014 Taylor & Francis.
Authorized translation from English language edition published by Routledge, part of Taylor & Francis Group LLC.
Simplified Chinese translation copyright © 2015 by China Youth Press.
All rights reserved.
Copies of this book sold without a Taylor & Francis sticker on the cover are unauthorized and illegal. 本书封面贴有Taylor & Francis公司防伪标签，无标签者不得销售.

以学生为中心的翻转教学 11 法

作　　者：[美] PJ·开普希　托德·威特克尔
译　　者：赵　娜
责任编辑：肖　佳　麦丽斯
美术编辑：夏　蕊
出　　版：中国青年出版社
发　　行：北京中青文文化传媒有限公司
电　　话：010–65511270/65516873
公司网址：www.cyb.com.cn
购书网址：zqwts.tmall.com
印　　刷：大厂回族自治县益利印刷有限公司
版　　次：2014年10月第1版
印　　次：2021年1月第9次印刷
开　　本：787×1092　1/16
字　　数：115千字
印　　张：11
京权图字：01-2013-7286
书　　号：ISBN 978-7-5153-2838-6
定　　价：29.00元

致辛勤耕耘的教育工作者，
希望本书能够协助他们
更有成效地教书育人。

目 录

上课时，时时刻刻把学生当主角

别害怕学生听不懂、学不会，跟随学生的反馈，调整教学节奏，打造高效课堂。

调动学生积极性的地图学习法

学习是一段旅程，学生需要能自己到达终点的地图。

分层教学

想教出尖子生，又想照顾后进生，分层教学是明智之举。

适应学生学习兴趣的"弹性"教学

授之予鱼，不如授之予渔。

换个角度提问：让课堂效率翻倍的技巧

站在学生的角度问问题，能达到意想不到的效果。

改善学生课堂表现的金点子

连淘气包和"思想者"都被吸引的课程新方案。

放学后，学生变成自己的小老师

课上讲得再清楚，作业错误百出，成绩惨不忍睹，如何让学生学会运用知识？

妙趣横生的作业

作业不是令学生闻之色变的负担，换一种方式，写作业也可以很有趣！

带班级就是带状态

良师巧用关怀撞心钟。

倾听学生的心声

让学生成为你的小顾问。

引 言

教育是一件"狄德罗睡袍"

狄德罗睡袍是一个著名的经济学效应，是指当一件东西更新换代后，周围的配套设施升级要立刻跟进。教育也是如此，当学生越来越优秀，教师的水平日新月异之时，配套的教学方法也应该随之进步。先做个假设，假设你正在玩一个嘉年华游戏，游戏中需要站在10英尺以外扔一个软球来砸倒桌子上的玻璃瓶，如果能砸倒全部30个玻璃瓶中的15个，你就获得了胜利。这些玻璃瓶中有些比较容易砸倒，因为它们只是单纯地放在那儿，而有些则是被粘在桌面上，只有砸得很精准才有可能把它们砸倒，而在玩这个游戏前，没人告诉你哪个容易砸，哪个难砸。如果顺利玩过这一轮，你会进入第二轮游戏，这次的难度有所增加，人与球的距离要增加5英尺，而且要砸倒17个瓶子才算赢；进入第三轮，这次距离还是15英尺，但是砸倒瓶子的道具不再是软球，而是子弹枪，并且需要砸倒20个玻璃瓶才算过关；第四轮的任务与第三轮的是相同的，游戏规则的不同在于这次是计时的。后面的游戏中每次都有新的附加条件，到第十轮的时候，游戏规则就变成了你需要站在20英尺外的某一范围内用子弹枪来砸玻璃瓶，这次大多数玻璃瓶都是粘在桌子上的，而且需要砸倒30个玻璃瓶才算赢，此时此刻这个游戏已经失去了它的趣味性，而这正是过去20年里教育工作者一直在玩的游戏。

随着国家的发展进步，社会对教师的要求也在不断提高，评定教师成功的标准在发生变化，用以实现成功的工具也在变化，尽管在大的教育背景下教师和学校无法改变或控制"游戏规则"，但他们有能力控制自己的教学方法以满足"游戏要求"，保持自己在"游戏"中的竞争力。而作为参赛选手，教师们需要关注很多事情，他们要学会如何扔球，如何利用好手中的工具，因为有些玻璃球是粘在桌子上的，很难砸倒，所以他们既要接受现实，又要充分认识比赛的难度。

在过去的20年间，教育标准在不断调整，20年前，教育的标准是不要让任何一个学生辍学，随着时间的推移，国家又制定了新课程改革标准。而今，随着科技的进步，我们又有了技术含量较高的评级体系，尽管教育标准在不断完善，但教师们觉得工作越来越难做了。

本书文字浅显，希望它能成为教师们的教学提醒。成功的衡量标准在不断变化，教学方法和教学工具在不断变化，每年的教学工作都充满挑战，但作为教师，我们一定要牢记使命：帮助学生收获良好的学习效果。

本书的目的

本书的写作灵感源自一次座谈会，与会人员都是我的同事，他们有着丰富的管理经验，有的人曾经担任过管理工作，有的人仍然担任管理工作。座谈会上，我们讨论了在帮助教师提升业务水平和教学技能中的成功与失败，随着讨论的深入，我们面临的问题也显现出来了：在教师队伍中，较之碌碌无为的教师，优秀教师的成功秘诀有哪些共同点呢？

会谈的收效颇丰，对于以上问题，大家最终找到了答案，我们发现更关注课程安排、教学计划的教师更容易取得成功，而过度关注教学规则、教育制度以及外在的评判标准的老师却不利于施展个人才华，他们会觉得奋斗的道路上充满无尽的荆棘和坎坷。

开展以学生为中心的教学，是写作此书的根本目的。很多教师认为，转变传统的教学开始以学生为中心的教学模式，缺少行之有效的方法。所以我们决定写一本关于以学生为中心的教学法的书籍，本书应运而生。

适合读者

本书为正在改进教学方法的教师提供优秀的教学案例，帮助他们把传统的"满堂灌"，变成学生为主导、师生积极互动的活跃课堂。教师们阅读整本书后，不仅能够改善课堂效果，更能牢记自己的教学使命：一切以学生的发展为出发点。在本书的结构安排上，各章独立成文，每一章设有一个教学策略，教师据此可以充分改善相应的实际教学。

这本书的内容也适合学校管理人员。首先，许多管理人员在为本校给予指导时，常会产生许多困惑。本书不仅含有学生为中心教学策略的背景知识，并且解释了这些方法奏效的原因。书中通篇实例表明，学生为主导的教学是行之有效的方法。学习相关方法，有利于管理人员拓宽管理思路。其次，对于与教师共同研发教学策略的备课组长而言，本书可以作为有力向导。最后，如果想把学校文化从以规则、主管人员为中心，向以学生为中心转变，本书也将是不二选择。

相信名列前茅的学校，遵循的都是"学生第一"的教育方式。创设能引导学生主动参与的教育环境，这能提升学生的课业成绩，最重要的是培养学生终身学习的能力。尽享这段旅程吧！

STRATEGY 方法

开学第一周，
让学生爱上你的课堂
— Begin on Day One —

如果你认为教师就应该不苟言笑，这样才有威严，那么在观念上，本章是个不小的挑战，刚开学的几天从某种程度上定下了课堂的基调，这既让人兴奋，又让人忐忑不安。在进入本章的正文之前，我想先做个假设，假如你要参加新学期的教职工大会，会议上主要发言的校长是学校新聘用的，此时你也许会问这样的问题：他究竟有什么能力？他在哪些方面的知识让我信服？他真的关注我的成功吗？这些问题其实非常重要，因为如果教师们在新学期第一次会议上坚信领导对他们的成功负责，那么这个学校注定会经历不平凡的一年。在课堂上亦是如此，如果教师能让学生们真心信服，那么学生就会在这学期取得可喜的进步。**对于校长而言，他仅有一次机会展示积极的管理态度，那就是在开学之初的教职工大会上；而作为一名教师，你也仅有一次机会向学生们展示教学态度，那就是在开学之初的第一个星期。**两种情形的共同之处在于：正确把握第一天至关重要。

传统做法：排座位、发课本，别被琐事捆绑手脚

开学第一周教师们都会很忙，他们有各种各样的事情要处理，在这样忙碌的情况下，时间似乎过得飞快，教师们总觉得时间不够用，如果是这样的话，这一周似乎失去了实际意义。我们通过观察和总结发现，大多数教师在新学年开学的第一周会做以下事情：

◆ 给学生们排列座位。

◆ 写出对学生们的预期及可想象到的结果。

◆ 给学生们发课堂上需要的练习册或习题资料及讨论所需的话题。

◆ 把练习册或习题资料发给学生们，并要求家长签字。

◆ 给学生们发课本及其他学习用品。

让我们来看一个类似的情况，新学年的第一次教职工大会上，如果校长一直讨论教职工手册上的内容，并且告诉你如果违反了手册上的内容，将受到怎样的惩罚，你会怎么想？你可能觉得校长并不关注你的职业成长，也不在乎你的教学效果，如果你是这么认为的，就应该避免让学生产生相同的感受。

Example of Excellence

良好示范

在教学游戏中与学生交朋友

教育教学中，请一定不要纠结于工作中的负面情绪。我们的希望是每个学校都能够以学生为中心，形成积极的教育机制。实践出真知。我们在每一章中都会给出良好示范，希望这些教学实例能让教师们更好地领悟该章的理论知识，同时这些教学实例也给读者们信心，使你坚信一切皆有可能，你也可以做到。

福斯特女士是一名幼师，她从毕业开始就在当地的一所幼儿园工作，一干就是25年，当人们跟她谈论起她工作的那所幼儿园时，她总会骄傲地说："这个小镇一半的居民都是我教出来的。"她在教中班的时候，每个学年开学的第一天，都会把教室里的桌子推到一旁，然后让学生们围坐在教室里，让每个学生做自我介绍，当然她也会把自己介绍给学生们。每个小朋友们介绍之后，福斯特老师都会问这个小朋友一个"封闭式"问题，比如你最喜欢什么颜色？随后，福斯特老师会把答案相同的孩子分成一组，分组后，她再问学生们一个"开放式"问题：假期最难忘的一件事是什么？学生们在思考这个问题时，福斯特老师会在教室里走动并指导学生们互动并展开讨论。讨论结束后，福斯特老师给每个学生发纸和画笔，让小朋友们把活动内容画出来，并把自己的学号或名字写在纸的右上角，如果孩子们想再写点儿什么，可以写在纸的背面。游戏结束后，福斯特老师让学生们把自己的作品按照学号顺序排列起来。学期之初孩子们觉得这个游戏很有难度，但是经过一段时间的训练，孩子们可以很顺利地按照要求完成游戏，然后福斯特老师把桌子挪回来摆好，然后让学生们按照学号顺序就座。接下来她向学生们说明这学期的教学目标，她相信在学生们的努力和她的帮助下，孩子们一定可以在年末至少学会数50个数，会读40个以上的词汇，学会自己系鞋带，她告诉学生们届时她会为他们感到骄傲。第一天还剩下最后一个任务，福斯特老师给每个学生一份本学期需要用到的习题册或练习材料，这是她事先准备好的，她让每个学生把这些材料带回家并交给家长。

让我们来共同讨论一下福斯特老师在开学第一天所做的这一切，我们不难发现福斯特老师是很有工作效率的。

◆ 学生们在心理上有了安全感，他们愿意分享自己的喜恶。

◆ 学生们很容易接受随机分组的方式，他们通过这种方式结交了新朋友。

◆ 教师制定了课堂纪律却没有耽误上课时间，也没有让学生们觉得课堂氛围有约束感。

◆ 教师知道了学生们的暑期活动，进而对孩子们有了进一步的了解。

◆ 教师通过一个有趣的小活动掌握了学生的现有水平。

◆ 学生们自己排列序号，这不仅使他们自己安排了座位顺序，还使他们知道了如何按从小到大的顺序排列及合作的重要性。

◆ 学生们在积极的氛围中了解到老师对他们的殷切期望，他们相信在学习道路上老师会提供强有力的支持。

◆ 发练习册或习题材料的工作一次性完成后，学生们只需要按照要求陆续使用材料即可，这样就节省了时间。

以学生为中心的教学该做什么

福斯特老师上课时完全以学生为中心，课程的意图也十分明确——学生们互相交流，以此培养他们的集体观念。简单来讲，她希望孩子们能在课堂上有安全感，在达到了这个最基本的目的后，教师会进一步建立课堂秩序、安排座位、收集学生目前能力水平的数据等。换句话说，传统教育模式中的教学目标都完成了，比如安排学生座位、发习题册或练习资料、建立课堂秩序等。**但以学生为中心的新兴教学理念加深了学生的学习深度，推动师生关系的发展，也强调教育的核心理念。**

教学需要打破常规

在改变教学思路之前，你必须仔细分析和评价你目前在课堂上所做的事情，你也需要考虑你该怎么做才能使开学的第一天更有价值，下图表（表1.1）为大家列出了新旧教学模式的对比，请仔细阅读，使之成为自我分析的模板。

开启新型教学，你该怎么办

在开学的第一周，以学生为中心的教学活动往往很有效果，让

图表1.1

目前的工作内容	旧教学模式下的做法	新教学模式下的做法
安排座位后画出座位表格	1. 在给学生们返回作业本时记住学生的名字，或是类似的情况记住学生的名字。 2. 安排座位时，尽量安排互不相识的孩子坐在一起，以减少违反课堂纪律的可能性。	1. 开学第一天先不用定座位，而是先发一个调查问卷。 2. 用调查问卷的方式了解学生们跟谁的关系比较好，更喜欢坐在哪个位置等。 3. 根据之前调查问卷收集到的内容让若干学生坐在一起成为一个小组，便于以后小组讨论。
写出对学生们的预期及可想象到的结果	1. 建立课堂秩序。 2. 让学生们记住一定要听老师的话。	1. 学生们讨论或写下应该建立哪些行为规范或课堂秩序，然后把讨论结果落实到纸面上。 2. 在给学生说明行为规范或课堂秩序时不要太过直白，如果有必要，可以一对一谈话告诉学生。
给学生们发练习册或习题资料	1. 让学生们知道他们拿到的这些练习册或习题资料是学校统一订购的，从而让学生接受。 2. 针对不同的难度给出依据。	明确地告诉学生们练习册或习题的用途，让他们知道这些学习资料有助于提高成绩。

我们共同分析一下以学生为主的课堂上都包含什么内容：

▶培养班级凝聚力。

▶形成良好互动的提问法。

▶进一步提问，了解学生知识需求。

▶营造学生乐于接受的课堂秩序。

▶适合不同年龄的交流提示词。

▶以学生为中心课堂的目的。

▶ 当胡萝卜遇上甜枣：1+1>2。

除了以上内容，其他事项都不是开学第一天必须做的，因此不必占用第一天的宝贵时间，实际上安排座位也不是第一天要做的，除非学生的年龄太小，不给他们安排好座位他们不知道该坐在哪里。同样，为学生们逐句阅读"学生手册"也是不必要的，除非这样做可以让学生更加注意自己的行为或对他们的课堂表现有利。

▶培养班级凝聚力

在课堂上，教师和学生应该互相尊重，师生关系应该保持和谐，在这样的氛围里，学生会觉得舒心、愉悦，更愿意积极主动地思考问题、讨论问题、发表个人观点，即便是回答有误，他们也愿意并敢于再次回答。研究表明，一个人的自信心并不是与生俱来的，而是需要后天培养，5岁至18岁是培养自信心的最佳时段。在这个阶段，教师可以鼓励学生参与课堂活动，从而让他们更加自信，孩子们在老师的鼓励下会发挥得更出色。在教室里培养孩子们的集体意识就像组建一个团队，教师为此会付出巨大努力，在下一段中，我们给大家总结了3个活动，这3个活动都可以帮助教师在课堂上培养学生的集体意识，每个活动都有它的特点，但效果是一样的，教师可以根据教学风格和个人喜好选用。

活动一：设定全班目标

在制定教学目标的过程中，优秀的校长会让教师参与，同样，优秀的教师也会让学生们一起制定学习目标。此举能让教师第一时间了解，学生们想学习哪些方面的知识。师生们共同研究、共同讨论，有利于他们明确教学任务的评价标准，学生们也就更清楚学习到什么程度算是掌握了教师讲授的知识。教师可以跟学生共同制定一个全班目标，比如，全班85%的学生可以达到某一水平，或是全班92%的学生都能在学期末拿到B+或以上的成绩，一旦目标确立，教师可以提醒学生们，要想实现这个目标，学生们在学习上要互帮互助，齐头并进，勇往直前，这个过程使学生们朝着一个共同的目标努力，紧密团结。这种情形下，建立课堂秩序也会容易很多。

活动二：学生分组合作

让学生们就某一话题展开讨论，然后根据大家的答案分组。最简单的方法是教师了解学生们是哪种学习类型的人，听觉学习者、视觉学习者、动觉学习者、实践学习者？教师收集到学生的答案后，根据学生们的回答把答案相同的学生分成一组，然后告诉每组的学生，他们组的每个人都有独特的长处，在这一年（一学期/一个月）的相处中，他们需要互相依靠彼此的长处实现目标。

活动三：成为分享内容的好榜样

顾名思义，这个活动的内容主要是分享，而且教师起模范带头作用。教师组织一个活动，然后学生们和老师共同参与，逐渐从个人发言过渡到集体讨论。学生们全程参与，教师可以在活动的任意时期加入其中。为了让这个活动的效果最大化，学生们回答的问题教师也要回答，并且教师也应该敞开心扉，毫不保留地给出自己的答案。一年级的学生回答的问题会与六年级学生回答的内容不同，教师应该选择适合学生学段的问题提问，而教师的分享对学生来说起着巨大的作用，学生在观察时就上了一课。

▶形成良好互动的提问法

在大多数学校，开学第一天的时候教师都会让学生们发言，而教师在第一天提问的问题一般包括：

◆ 你叫什么名字？

◆ 你最喜欢哪一科？

◆ 你这个假期都做了哪些有意义的事情？

如果教师在以上问题中加入一些深度，则会引发学生更多思考，比如这样提问：

◆ 你在学校最美好、最难忘的一次经历是什么？

◆ 你在学校做得最糟糕的一件事是什么？

◆ 老师做的哪件事给你留下的印象最深？

◆ 在你所学到的内容中，你最为之骄傲的是什么？

◆ 你在学校里遇到的最大的困难是什么？你是如何克服的？

◆ 本学年你最大的希望是什么？

◆ 在新的学年，你们又升了一个年级，那么你最害怕出现的事情是什么？

你也可以把以上问题做个表，然后让学生们从中挑选两个问题作答，有选择的余地会让学生们感觉轻松些。为了让这个活动更有意义，教师要事先要求学生不可以重复别人的答案，除了分享信息，教师还可以获得到额外的信息，有助于教师评估学生的能力，以便因材施教。想象一下，11月中旬的时候，当你对某个孩子说："还记得你跟我说过张老师教你做除法运算的事儿吗？我也会像张老师一样教你数学，直到完全理解。"这将给孩子无穷力量。

▶进一步提问，了解学生知识需求

如果我们以轻松的方式提问，我们可以通过回答的内容了解这个人；同理，我们也可以用这种方式了解学生们，这种了解有助于教师更好地指导学生，满足学生的知识需求。涉及的问题可以包括：

1. 你最喜欢的老师是怎么做到让你喜欢她/他的？

2. 你觉得你最不喜欢的老师的哪些作为引起了你的反感？

3. 当老师讲了某些内容后，你很快就学会了，她/他是怎样做到的呢？

4. 当你的老师很努力地给你讲了某些内容后，你还是没有弄明白，你觉得原因是什么呢？

5. 在分组活动中，你最喜欢哪个环节？你最喜欢和什么样的组员合作？

6. 在分组活动中，你最不喜欢哪个环节？你最不喜欢和什么样的组员合作？

7. 如果让你在电脑上学习，效果如何？如果你觉得用电脑学习效果更好，请说明原因。如果你觉得在电脑上学习是个挑战，原因又是什么呢？

8. 请用一个词来形容一下你的学校。

9. 我想成为你们心中的好老师，那么在你看来我应该怎样做呢？

10. 当你在学某个知识遇到挫折时，你希望你的老师用什么样的方式和你沟通呢？让你自己单独待一会儿，在走廊里与你聊聊，在班上单独给你指导，还是让你的父母知道情况以得到他们的帮助？

这样一个十问的简单列表就构成了一个调查问卷，这种形式的课堂破冰活动就比传统教学中的立规则、树威信更容易被学生接受，而且这种方式更能满足学生的需求。如果你还有需要调研的问题，可以自行添加。

▶营造学生乐于接受的课堂秩序

在每个学期之初，作为教师，你有责任告诉学生你对他们的期待，以及他们在教室里应该做什么，不应该做什么。如果只是简单地陈述，并不是一个以学生为中心的做法，然而，只要根据规定有目标地调整就可以了，首先你需要相信两件事：1）学生们真的需要一个舒适的、同学们举止文明的学习环境。2）作为一名教师，你有能力引导学生讨论的方向。教师的头脑中应该时刻谨记你们的谈话目的，需要什么样的结果，同时也要适时地建立规则和秩序。对话时，你要关注每一位同学的发言和主张。在引导讨论的方向后，我相信你一定能得到一个满意的结果——4尊重，即：

◆ 学生们应该尊重自己。

◆ 学生之间应该互相尊重。

◆ 学生们应该尊重老师。

◆ 学生们应该尊重他们的学习环境。

我相信这些都不难实现，这4项基本包括了所有日常学校活动。如果以上4条无法满足你的要求或与你的教学风格不符，你想自己制定"游戏规则"，那么请听我一句忠告，一定不要用"不许""不要"等命令性辞令，比如万万不可要求学生："我说话的时候你们不许讲话"。这样的语句看似很有力度，却破坏了以学生为中心的教学环境，导致的后果是学生叛逆或者失去自主发言的意愿。

▶适合不同年龄的交流提示词

开学的前几天，教师的教学目的是建立一个以学生为中心的课堂环境，尽量多地了解学生的信息，并第一时间展示教学态度。我们在这一章的开头曾提到，在开学的前几天教师需要完成很多管理工作，这就常常成为很多教师的中心，与学生相处的黄金时间没有得到充分利用。如果教师能仔细制定一个以学生为中心的教学策略，双重目的地考虑问题，那么很多事情做起来并不难。首先，教师可以通过鼓励的语言及提示等观察学生目前的知识水平。其次，教师们可以腾出一些时间，考虑一下如何让学生参与到管理任务中来，学生们一定会欣然参与。再次，教师们可以用一些提示多与学生交流，其实学生们很希望了解彼此的喜恶，而教师正好给了他们这个绝好的机会。最后，学生们完成任务时，教师可以更直接、更快捷地看到每个学生的技能、知识架构及优势。以下是任务的范本，我们罗列的内容也许并不完美，但可以帮助教师展开以学生为中心的教学，希望你能结合学生的特点予以使用。

幼儿园—小学三年级的提示性文字可以是：

◆ 请写出你最喜欢的暑期活动及喜欢的原因。

◆ 你最崇拜的人是谁？

◆ 请写出你最喜欢的电视节目及角色。

◆ 你在户外时最喜欢做什么？为什么？

四年级—初中二年级的提示性文字可以是：

◆ 请为我们讲述一次你的社会调查经历并阐述一下你得出的结论。

◆ 如果给你一次设计建筑物的机会，你希望建造个什么样的建筑物呢？

◆ 暑假期间，世界上发生了哪些大事件？

◆ 请写出你最喜欢的书籍和里面你最喜欢的角色。

初中三年级—高中三年级的提示性文字可以是：

◆ 如果给你一次与两位历史名人共进晚餐的机会，你希望他们是谁？为什么？

◆ 你认为在过去的50年里，最重要的发明是什么？为什么？

◆ 你认为哪部名著中的人物与你的性格最相像？

◆ 你认为你在课堂上学到的知识能对你的未来有哪些帮助？

▶以学生为中心课堂的目的

"胡萝卜加大棒"是指运用奖励和惩罚两种手段让人们按照要求

做事。它来源于一则古老的故事，故事中要使驴子前进，就在它前面放一个胡萝卜或者用一根棒子在后面赶它。胡萝卜加大棒的方法，似乎足以确保学生保持一个适当的学习水平。但21世纪的教师如果还用这个方法激发学生的学习潜能，那就太out了。21世纪使用的方法是"自主+神秘+目的"，作为一名教师，如果你只是告诉学生某个年级或某个学科非常重要，他们应该努力学习，或是告诉他们这些科目都是升学考试要考的，那就无法激发他们的学习热情，教师的工作效率也会大大降低。而高效的、以学生为中心的课堂教学，最大的特点是教师和学生都对学习充满期待。将此目标实现的唯一方法，就是教师从开学第一天起表达出课堂教学的目的及所学内容的价值。

只要你认真传达教学目的，一定能够看到效果。在这一章中，请时刻准备向学生表达你的目的，明确指出他们为什么应该学好这一科。大多数教育工作者知道他们做的事情很重要，如果在教学中能潜移默化地表述这种重要性，就能够振奋和鼓舞学生的士气。

▶ **当胡萝卜遇上甜枣：1+1>2**

我已经在目前这所学校做了4年校长，我坚信如果一名教师致力于不断改进职业技能和素养，虚心接受别人的负面评价，我就应该和这名教师共同努力。教师如果愿意朝着这个方向发展，我责无旁贷要引导教师。在课堂上亦是如此，**教师的成功不仅取决于学生的成绩，还有教师推动学生学习的能力，这是以学生为中心的教学模**

式对教师的核心要求。

一般情况下，教师与学生们交流这些内容有助于团结班级。教室不应该是学生与学习材料角斗的场地，更不应该是学生与教师争霸的赛场，应该是学生们与教师齐心协力共同实现目标的舞台。只有当学生们意识到单枪匹马无法实现目标，他们需要老师的支持与帮助时，以学生为中心的学习环境才真正建立，才能实现主动、高效的学习。

扫码免费听
《高效能人士的七个习惯》有声书

STRATEGY 方法

上课时，
时时刻刻把学生当主角

— Communicate for Your Audience —

　　很难想象哪个职业不需要沟通交流，沟通是每个职业成功的关键，教育工作者也不例外。本章之所以重要是因为每个人都"与"别人交流，却鲜有人"为"别人交流，简单地改变一个字意义却完全不同，这就把交流的主动权从说话人交给听众，这也是本章要重点解释的概念。进入正题之前，必须先考虑这样一个问题："我是为了我自己交流还是为了听者而交流呢？"

传统做法：老师滔滔不绝，学生昏昏欲睡

现如今，教师们的教学任务很繁重，他们要给学生们教授的内容非常多。据美国著名研究员罗伯特·玛扎诺估算，如果要按照每个学科提出的标准教学，那么孩子们需要20年才能上完小学和初中的课程。然而升学考试难度不断加大，学校想保持前列十分困难，这更使得师生疲于寻找合适的交流方式。

请仔细想想自己的交流方式及你喜欢的交流方式，我更倾向于直接的交流。从结果来看，这种方式常常不能清晰地传达信息，但在有压力或是紧急的情况下，我不自觉地又会采取直接的交流。教师也是如此。他们可能不是像我一样使用直截了当的交流方式，但可能意味着当讲解一个单元用时过长时，你会倾向于使用你喜欢的、容易掌控的讲解方法，这么一来，你可能就顾不上学生对于这种方式的反馈。交流随时随地可以发生，很多时候，人与人的交流并没有明确的目的或意图。教师们面对很大的压力，比如为了让授课内容不千篇一律，需要查阅大量的资料，需要大量的时间制订教学计划等。这些因素都会演变成教师机械地做决定，或者按照习惯的方式沟通，直接后果是失去与学生交流的宝贵时机，也无法在学习过程中提供有效的帮助。

Example of Excellence

良好示范

换位思考后的灵活教学

在我的求学经历中，我最喜欢的老师是考林·霍普，我曾经在很多文章中提到过他的名字，表达对他的钦佩之情。很高兴我曾当面称赞过他是我遇到过的最好的老师。但像很多学生一样，我当时并不理解为什么我们那么喜欢他。学习教育专业后，我渐渐懂得了其中的奥妙，很荣幸跟所有读者分享霍普老师的一则小故事，这足以说明他是为学生而交流。

霍普老师是一位历史老师，同时也是历史迷，酷爱历史图表、地图等。他总是用一些小故事让学生记住重要的历史事件。有一次，他给我们讲内战那一课，教学目标是让学生们评价这场战争，分析除了军队规模和武器装备，还有哪些因素起了重要作用。霍普老师讲课时，我和其他同学都觉得概念太抽象了，完全搞不明白。看到这个情况，霍普老师立刻停下来，然后把我和一个同学叫到教室的一旁，他问我们是否愿意参与一个课堂游戏，即我和我的朋友站在同学们面前，然后他朝我们两个身上丢软球。当时我们16岁，觉得这个游戏挺有趣就欣然同意了。

霍普老师让我们站在教室最后一排，游戏规则很清楚：当宣布游戏开始后，我们要制伏他并向他扔软球。游戏开始后，班上的其他同学焦急地看着将发生什么。当霍普老师宣布游戏开始后，他跳上了讲台，并向我们扔软球，我们不甘示弱，也向他扔。穿过教室的层层障碍，我们大概用了20秒才从教室后面冲到霍普老师跟前，但是由于他所处的位置，加上我们不断被球攻击，所以很难攻陷霍普老师的位置。几分钟后，霍普老师喊"停"，游戏结束，我们回到了座位上。

霍普老师紧接着向全班解释，尽管他在人数上不占优势，而且对手更强壮。但他仍然占据了战争的主导权。他停顿片刻，然后讲了一些我们终生难忘的内容。他说在战争中，制高点同军队规模和武器装备同样重要。

这绝对不是霍普老师喜欢的交流方式，但是我相信没有什么方法比这样讲课效果更好。

什么是以学生为中心的课堂

霍普老师为了满足学生们的需求，适时地调整自己的交流方式，当天他需要教五个班的历史课，他在我们班是用这样的课堂互动方式，而在其他班，他在讲这节课的时候分别用播放视频、音频、幻灯片及发表博客等不同的方式讲解。之所以说霍普老师工作时以学生为中心，是因为尽管教学结果是固定的，但让学生们达到教学预期的方法却多种多样，霍普老师完全是以学生的学习为依据确定讲解方式，他处理教学反馈、调整教学计划，直到学生们完全理解基本概念。

如何打造新型高效课堂

我们在"良好示范"中提到了霍普老师的小故事，虽然很经典，但并不意味着一定要模仿。有很多方法是以学生为中心式的上课，包括以下内容：

▶ 更好地传达教学目的。

▶ 与学生的知识需求同步。

▶ 为平淡的课堂增加风味。

▶ 不断更新知识库。

▶ 更好地传达教学目的

每一课都有一个固定的组成部分，即课程预期结果。课程的内容各有不同，但是都需要一个领路人，高效的课堂上，教师会把教学目的清晰地说出来、写下来，并时常回顾，便于教师检查学生是否理解所学内容。传统教学的做法是这样的：教师把目标写在黑板上，刚上课就向学生们转达。但是检测环节安排在下课前或作业里，其实有些教学目的在课堂总结环节告诉学生们会更有效果。无论哪种形式，只要教师明确地与学生交流，那么放在上课之初还是下课之前可以依照具体情况而定。

以下是一些与交流结果相关的建议，相信会对你有所帮助。

◆ 在课堂上，教学结果最好强调三次，一次是书面的，一次是口头的，最后一次是检查学习效果。

◆ 教学目标的表述方式最好便于转化成测评的问题，比如"今天我们学习青蛙"就不便于转述，恰当的形式是"在学习完这节课后，学生们应该能够区别青蛙与蟾蜍"。

◆ 我一直在鼓励教师们努力准备这个过程，然后想出一个以教师为中心的学习指导，如果学生能够把每节课的教学目标写在自己的笔记本上，他们在学习中不就时刻有向导了吗？如果真能做到这一点，教师就能实现目标，写出教学结果陈述对教师来说有两点好处：第一，学生们知道测试学习效果的方式；第二，清晰地把教学目的传达给孩子们。

▶ 与学生的知识需求同步

一个有效的以学生为中心的交流方式是，与学生步调一致，并回应他们的需要。和很多人一样，当我还是一名教师的时候，也曾非常努力地与学生们保持一致，如果我的学生对某一个概念存有疑惑，我会先慢慢重复这个概念，如果放慢语速没有效果，我会尝试提高自己的音量，如果还是没有效果，我会把二者结合，放慢语速的同时提高音量。这些方法不能达到促进教学效果的目的。下面列出了一些规范的有效的回应方式。这个过程有助于帮助教师事先准备如何应对（不必当场想出解决办法那么压力山大了），而且始终能以学生为中心。

1. **每天多次寻求反馈**：作为教师，你可以把自己想象为一名试图赢得客户的销售员。如果你用45分钟播放幻灯片介绍产品，然后在产品介绍结束后问客户是否想买此产品，这个推销过程就太没效果了。作为推销员，你应该时刻关注客户的肢体语言，全程提出问题，把握房间内的气场。一切顺利的话你可以继续，如果状态失控，你应该及时调整，然后重新掌控局面。教师也是如此，虽然你不是在推销产品，但是在推销课本内容和技巧，教师可以通过多种方式收集反馈：

a. 肢体语言；

b. 学生们参与课堂活动的积极性；

c. 检查学生们是否理解所教内容；

d. 问题的答案。

2. 借助学生的力量：拿到反馈后，如果你发现班上的一些同学没有达到某个具体的教学要求，那么教师检查一下全班是不是都存在这种问题，你可以使用一个简单的方法"问我之前先问3个人"，这是一个从教师到学生的方法，在用这个方法时，教师让学生们合作并使用多种讲解方法，这样全班会出现多个"小老师"。

3. 寻求反馈意见：1）如果收到肯定的反馈，表示学生们已经理解了基本概念和教学材料，课程可以向前推进。优秀的老师会好好利用这个机会，作为与班级融合和提高能力的契机。可以提出类似问题："请问那些觉得所学知识不容易掌握的学生们，你们的同学是怎么让你们明白的？我下次也可以采取这个方法。"这个问题不仅能让你得到额外的信息，还能让学生们解释理解方法，无形中就把概念内化，而且也教会其他孩子们学习的方法。

2）如果反馈意见是否定的，那么教师应该尽快调整教学方法，使用不同方式让学生们理解，积极主动地回应能够帮助教师提高效率。在计划教学内容时，如果教师准备多种教学方案，要比只准备一套好得多。

4. 重复上面的步骤。

▶ **为平淡的课堂增加风味**

教室里每天发生的事情都是有计划的，但如果所有的内容都用一种方式讲解，学生们肯定会觉得枯燥乏味。每个单元的内容都使用同样的PPT，同一节课让同学们小组合作，每周同一时间下发考试卷，那么只能说这是教师的喜好。很多教师已经习惯这样的时间规律，让他们打破自己的规律来适应学生们的需要存在一定的难度，但如果想建立一个以学生为中心的课堂，这是必须做的。西方有句俗语是："不肯改变过程却希望改变结果。"如果你每天的教学步骤是先播放PPT，然后学生们独立练习，再在每个周二测试，考试结果是大多数学生不及格或刚及格，一直维持现状，学生的成绩也不会提高。

真正以学生为中心的教师懂得随时调整授课步伐，他们注重细节，希望学生们成功。他们不是随意地调整，而是根据所收集的学习数据有效更改。

如果某件事对你的课堂至关重要，那么这件事值得我们用不同的方式多次交流。稍微提及并不是真正的交流，你应该做的是把这件事写出来，大声强调，把它作为当天的家庭作业，并把它添加到班级主页中。以下是一些用于交流重要信息的方法，用不同的传达方法会让你的课堂以学生为中心。

◆ 教师把重要信息写在黑板上。

◆ 学生们把重要信息写在笔记本上。

◆ 教师把重要信息添加到评估试题中。

◆ 学生们分组合作完成。

◆ 教师把重要信息上传到网上。

◆ 教师就重要信息发表博客。

◆ 教师不用文字或数字描述，而是用图片把内容展现给大家。

教学的目标是让所有的学生参与到学习中来，通常来说，交流应该用不同的方式进行多次，这样才可能在教学中照顾到每个学生。

▶ 不断更新知识库

只要教育的目的是引导学生们走向成功，那么2020年的课堂与2010年的课堂一定是不同的，为了让学生们成为21世纪的优秀公民，我们必须是21世纪优秀的教师，而且要非常了解新时代的公民需要具备哪些素质，这意味着从幼儿园到高中都要注重以学生为中心的教学，从而满足学生不断变化的学习需求。不只是传授简单的科学知识，学校为每个学生配备电脑，是要用更多的科技手段加强教学指导、促进学生学习。作为教育工作者，我们应该相信我们想传达给学生们的信息都是非常重要的。如果确实抱有这种信念，那么我们就有义务向学生们清晰地表述信息，下面我们为大家提供3个方法，都需要借助网络，每一个教师都要熟练运用。

◆ **博客**：从我的个人经历来看，很多教育工作者对使用技术手段教学存有抵触心理，尤其是在教低年级学生的时候。但依我之见，早些开始在教学中使用博客是没有问题的，实际上，我的经历显示博客是一个非常有效、也易于使用的教学手段，它给教学带来很多好处，对学生们也非常有益，在教学中使用博客可以让学生们的学习更有效率。因为在以学生为中心的教学中，博客给教师和学生们提供了一个自由讨论的平台，无论是教师还是学生都可以对某一个教学话题各抒己见，在交流中学生们可以听到别人的见解，也可以同别人分享自己的想法，在这样一个平等、共享的氛围中，学生们不仅掌握了主要内容，更提升了写作技能。

◆ **社交媒体**：年轻的新一代总是崇尚新媒体，学生群体也属于这个范畴，他们使用微信、微博等交互平台，我们与他们互为好友交流想法。有些教师还为此开设了个人主页提供电子课程指导，然而这意味着学生们不会在网上浪费时间，而是在学习。如果我们能把电子课程指导上传到学生们常访问的网站，以学生为中心的目的就达到了。

◆ **网上公开课**：目前，有很多网站开设公开课，比如网易公开课、TED演讲等。虽然有些课程并没有教师讲的那么有价值，我认为教师们提供的内容更丰富，教学更有针对性，但是上网看这些课程可以增加信息量。有些课程不只是针对社会人士，上传的课程很有价值，直接采用面对面的交流方式。轻轻点击鼠标，就可以再上一回课，或者是弥补缺课的损失。这一切表明，原本以课本内容和教师为中心转变为以学生为中心。

STRATEGY 方法

3

调动学生积极性的
地图学习法

— Provide a Roadmap —

　　假设你住在一家五星级宾馆，宾馆共有1350个房间，若干个多功能会议中心，6个游泳池，4个餐厅，宾馆外就是延伸的海滩。此时，你面临着一个挑战，你要把同伴的眼睛蒙起来，然后利用宾馆的地图或标志牌，仅借助语言引导你的同伴走进入住的房间，然后再从房间走到海边，你的同伴可以是你的丈夫、妻子、儿子、女儿、朋友或同事。这个任务有一定的难度，有些步骤可能要多次重复，但多数人最终都到达目的地。

　　那么这个假设出来的游戏任务与教育有何关联呢？在游戏任务

中指路人（教师）必须引导同伴（学生）抵达预期的目的地。即使这位同伴根据指引到达了预期地点，如果再来一遍仍然可行吗？他知道自己所做这一切的价值吗？他知道为什么要在这个时间段做这个事情吗？日益变快的教学节奏，教师就犹如游戏中的指路人，学生就犹如那位同伴，教育工作者太过关注于把学生从A点带到B点，却忽略了让学生理解教学目的和教学过程，这种情况一定不会发生在以学生为中心的教学中。

传统情况：学生不积极，方法出问题

学生接受学校教育的时间长度与他们的好奇心成反比，也就是说随着年级的升高，好奇心在逐渐减少。比如与一个5岁的孩子待一天并记下他们问了多少问题，然后同样地观察一个15岁的少年，对比数据发现，他们表达好奇心的能力和意愿随着年龄的增长而降低。

我们当然不只是为了发现这种变化或敦促学生积极参与课堂活动，而是希望教师们能够看到学生好奇心减少这一现象，并有意识地改进教学，主动关注课堂讲课过程，否则学生们根本不需要我们。**如果把学习比作一次航行，那么学生应该是这次航行的舵手，而不应该是乘客。**幸运的是，我们有意愿、有能力改变现状，一些并不复杂的课堂指导就可以把课堂变成一个以学生为中心的学习环境。

良好示范

学生问，老师答

阅读本书的很多读者可能已经有了独到的教学方法，我们希望我们为您提供的方法和事例能助您百尺竿头，更进一步，更希望我们提供的方法和事例能给您启迪，激发出更多的教学新思想、新理念，而不只是像您在听教学报告或是读教学日志一样。如果您认为您的方法更适合你的课堂、更适合你的学生，那么您也不必放弃您的教学方法，正所谓适合才是最好的。调整的意思是取精华去糟粕，大家的目标是一致的：提供一个以学生为教学中心的教学环境。现在我们还是为大家列举一个与本章内容相关的良好示范。

泽林斯基是一位小学六年级的教师。开学第一天，学生们准备好接受他们习惯的第一天活动：预先测评。有些学生并不习惯泽林斯基老师的方式，所以刚开始有些抵触。当学生们意识到这次评价对他们的成绩没有影响时，他们主动告诉老师他们希望学习哪些内容。

20分钟的测评结束后，泽林斯基老师把发给学生们的答题卡收上来，并让学生们回忆回答了哪些问题，学生们的表现也是出类拔萃的，他们清晰、明确地回忆出问题，泽林斯基老师把这些问题一一写在黑板上，学生们对问题的小错误进行了修正。10分钟后，学生们可以很顺利答出评价表中涉及的有关内战的4个问题，而且答案几近完美。然后，泽林斯基老师问学生是否知道为什么问这些问题，学生们异口同声地答道："因为这些是这一单元的重点，是我们需要掌握的内容。"学生们不约而同地给出了相同的答案，这引发了泽林斯基老师的下一个问题："学生们，那我们的下一步是什么呢？"他们答道："把黑板上的内容抄在笔记本上。"

于是，泽林斯基老师给学生们一段时间，让学生们完成这个任务，然后他走到黑板前，让学生们准备抄录黑板上的信息。学生们收拾好自己的物品，拿出他们的笔记本，然后在本子上画了一个教学内容表格，并列出了3行，分别写上"时间"、"原因"、"怎样做"，并把黑板上的有效信息誊写到笔记本上。学生们打算制作一个包含本课知识要点的表格，也就是黑板上所写的内容。本单元第一个任务是让学生们制作一个列表，要求学生写出他们认为最有价值的内容，并就此写一篇议论文阐述原因。学生们抄下主题，然后全班展开讨论，每个人在讨论的过程中明确自己的主题，也就是他们要围绕的中心；然后每个学生要明白自己为什么要写这个主题，这也是教师的教学目的之一；最后学生们写出这个主题对他们未来的学习乃至生活有哪些影响。

学生们完成表格后，全班学生针对这些问题展开讨论，后来这个过程慢慢变成了一个活动，并把它命名为"我来问问为什么"，在这个活动中，学生们有向老师提问的机会，学生们可以向教师问五个与单元内容紧密相关的问题。如果学生们的问题泽林斯基老师答不上来，学生们可以得到钢笔、铅笔、糖果的小礼物作为奖励。每年，泽林斯基老师会在制定这个规则上花费一些时间，但到每年的10月，学生们完全掌握了这个规则，他被学生们问到的问题包括：为什么这与内战有关系？为什么我们要以几百年前发生的事情为题写论文呢？提问环节结束后，学生们开始讨论当天学过的知识以及作业可能是什么内容。

地图学习法的要点

泽林斯基老师在教学中的每个环节关注两点：学生如何学习知识和预期的结果。他做的第一件事情是介绍本单元需要重点掌握的内容，也就是评估环节，这让学生们知道应该掌握哪些知识，也衡量出了自己目前的知识量和技能与教学预期之间的距离。接下来的活动，就是学生们把课前评估中的问题抄写下来并回答的环节，让孩子们记录下他们积极思考的过程和想收获的内容。所以尽管还没正式上课，学生们已经把教学目的熟记在心。而最后一个活动项目是"我来问问为什么"，这是在老师的带领下开展的，这给学生们和老师提供了互动的空间，突出教学目的，也激发了学生们的好奇心。

如何制订以学生为中心的教学计划

毫无疑问，泽林斯基老师给学生们讲授的这节课非常精彩，这节课以学生为中心，并取得了预期的效果。但如果每天都保持这样的状态，可能吗？肯定是有一定难度的，每位教师都希望自己所讲的每一课、每个单元、每一章都精彩绝伦、以学生为中心，但实际上并不是每一节课都能达到如此让人满意的效果。然而，为了最大限度上实现这一目标、让不可能成为可能，我们应该在教学中加入以学生为中心、以良好的教学效果为目的的教学活动，因此，我们应该在每一课中制订以下课程计划：

▶ 课前测一测，让学生知道该学什么。

▶ 让学生学会学习的教学内容表。

▶ "5个为什么"的教学提问环节。

▶ 功不可没的辅助教学。

▶ 课前测一测，让学生知道该学什么

为了让课堂评估以学生为中心，教师给出的测验一定要提供有价值的信息。在这个过程中，教师可以提供一些阅读材料，用以了解学生们的阅读水平，然后判断一下学生们目前的阅读水平与教学预期的差距。学生们也应该在这个过程中明确自己应该掌握哪些知识、哪些技能。所以说，课前测验不仅改进了教师的授课能力，同时也对学生的学习能力影响深远。为了让教师们更灵活地运用这个环节，我们总结了以下几项要点：

◆ 在学生的学习任务中融入教学预期及课后测验；

◆ 设计内容丰富、需要一定技能的问题；

◆ 调整测试结构；

◆ 根据课前测试结果确定授课内容。

在学生的学习任务中融入教学预期及课后评估

为了使教学效果最大化，课前测试、预期目标、课后测试缺一不可，我们可以在图表3.1中看出这样做的好处，这个模型帮助教师放弃他们喜欢却无法将单元重点内容体现出来的课程，还可以帮助教师们放弃那些无法加强学生技能、无法促进知识吸收的内容。

图表3.1　课前评估与课后评估的联系

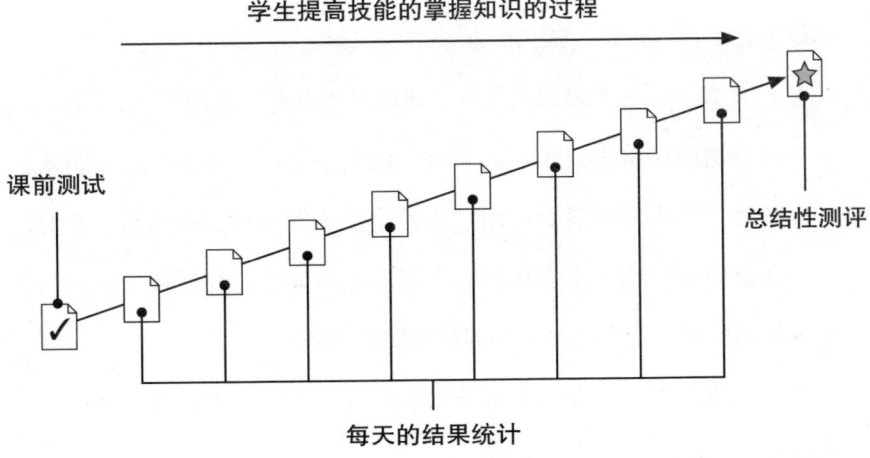

设计内容丰富、需要一定技能的问题

教师应该认真对待课前测试，因为测试可以帮助教师们在正式的考试中规避这些不足和问题，我们来举例说明一下，请看下面这个小题：

美国内战是什么时候开始的？

A. 1750年　　　B. 1800年　　　C. 1850年　　　D. 1900年

这个问题需要的只是单纯的记忆，如果这个问题是在课前测试环节给出的，那么我们可以说这个题基本上算是白给。教师们通常放弃这个环节，因为他们觉得这部分不是重要的内容，充其量也不过是教学中的"赠品"，有些教师甚至认为课前测试会降低学生们的学习能力，他们的想法可以概括为："如果我在课前评估环节问了一个关于日期的问题，并且学生们知道这个问题会在单元考试中出现，那么他们会把这个问题的答案牢牢记住，这样就可以在单元考试中答对这道题。"其实，这不算课前测试，只是一个问题。现在我们考虑以下这个内容丰富、需要解题技巧的问题：

◆ 美国内战这个时间段对战争的结果有哪些潜在的影响？

这个课前测试需要学生们知道美国内战是哪年开始、哪年结束的，此外，学生们还需要运用一些评论性的思考技巧来理解一个时间段在战争中起到的重要作用。在课后测试环节，我们还可以问一个类似的问题，这个问题需要同样的知识和技巧：

◆ 如果当年一些州退出美国内战，会发生什么事情？请做出对比分析。

这个测试不仅让学生和教师都了解内容，同时有助于学生思考所学内容。

调整评估结构

在以学生为中心的课堂上，教师应该有意识地引导学生思考上课内容。教师提问学生一些已知答案的问题或是问一些开放性问题，这两类问题都会给教学提供一个安全的氛围，利于让学生们参与。学生们和教师共同讨论课前测试的问题，然后做出简短的回答。这一步结束后，教师可以组织学生思考为什么教师要问那些问题。他们猜测的结果也就是这些问题的目的，教师们常把这个过程称为"揭开标准的面纱"。学生们解答出某个问题是否就意味着他们已经明白了教师提问的意图呢？这个过程不仅使学生们说出了想知道的内容，也让他们把注意力集中到了单元的基础知识上。

根据课前评估结果来确定授课内容

最后一点，也是最重要的一点，就是课前测试应该有一定的梯度。在看完学生们给出的课前评估结果后，教师便可知道哪些内容是学生们已经掌握的，哪些是他们还不知道的。对于学生们已经掌握的内容，教师就可以不必费太多心思，而应该把注意力集中在学生们还没有掌握的信息上。还有些常识类问题与个人的知识结构、性格、或爱好有关，比如，喜欢篮球这项运动的学生对NBA球队或队员就更了解些，而喜欢文学的学生可能对文学名著更感兴趣。因此优秀的教师在收集和分析课前评估数据时，绝对不能忽视这一点，诚然，他们所制定的授课内容也一定是把以上信息考虑在内的，只有这样做，教师们才可能把课堂教学转变为以学生为中心。

▶ **让学生学会学习的教学内容表**

现在，我们再来回顾一下本章开头部分提到的假设，在这个假设中引导人只是盲目地指引某个人到达目的地，而没有制订一个规划。如果有一张清晰的地图，并且掌握指引技巧，那么毫无疑问，无论起点和终点是哪里，任何一个人都可以成功到达想去的地方。

教学内容表格就是一张以每节课内容为基础的地图。

　　教学过程中，教师应该先简单介绍教学内容，每节课的教学目标，然后再展开讨论。图表3.2是一个展开教学内容的范例。

图表3.2　教学内容表

结果统计： 从这节课上应该学会什么？	
这能说明什么？	
为什么这些知识是本单元的重点？	
怎样回答问题才表明理解了本单元的知识？	

　　图表中提到了几个问题，其目的是希望学生们用自己的语言复述教学目标，这样做不仅使学习个性化，还要求学生们认真思考该课其余的部分。表格中问到的"什么"以及"为什么"需要学生们联想学过的内容，这也使学生们有机会把新知识与以前学到的知识联系起来；表格中问到的"怎样"让学生们参与到测试中来。这个方法不仅建立了以目标为基础的课堂文化，更加深了学生们的学习深度。当学生们开始练习着像教师一样思考，就会明白怎么就某一个知识点出题。这个过程强化了他们的批判性思维，进而加强了他们的学习能力。

▶"5个为什么"的教学提问环节

通过比较一年级的课堂、五年级的课堂和初一的课堂，你会发现学生们的提问数量逐步递减。低龄学生的家长们会说孩子每天的问题两只手都数不过来。相比之下，青少年提出问题或是演变为与家长的交流，都寥寥无几。家长们不禁要问，孩子们提问的天性为什么慢慢变少了呢？我们应该怎么让孩子们保持这种天性呢？答案很简单：鼓励为上。

每天，老师应该鼓励学生们针对所学内容提问。为了让课堂环境以学生为中心，学生们必须知道每天要完成的学习任务目的何在。因此，教师们每天应该抽出几分钟，让学生深入挖掘某些学习内容，然后教师帮助学生了解知识点的相关性。下面为大家介绍"5个为什么"：

◆ 学生可以在课堂的总结部分5个以"为什么"开头的问题，这些问题要与当天的教学内容和课程相关。

◆ 如果教师回答不出学生们提出的问题，他们可以得到奖励，比如糖果、文具、贴纸等。

◆ 这个活动应该作为日常教学的一部分，可以的话最好每天进行。

▶功不可没的辅助教学

一般有3种学习指导类型：

1. **全方位指导**：教师尽己所能给学生们提供多角度的内容，这样学生们知道应该学什么，应该掌握哪些基本内容，如果学生们按照这个指导来学习，他们可以取得很优异的成绩。

2. **部分指导**：给学生们提供足以用于学习的材料，如果他们按照这种指导来学习，考试至少能及格。

3. **零指导**：不给学生任何课外资料，教师用这种方法是想教会学生们要为自己的学习负责。

你可能已经意识到，以上3种方法是根据以学生为中心的不同程度排列，第一种程度最高，而第三种类型程度最低。实际上，最理想的情况是把第一种指导类型与第三种指导类型结合。如果哪位老师是按照本章列出的内容展开教学，那么就不用创造新的指导类型。因为学生们已经从你的教学方法中学到了想知道的一切。正如之前的解释，学生们每天使用教学内容表写下想学到的内容，同时也说明了他们觉得这些内容重要的原因，也知道了这些内容是如何评价的。在一个单元的总结部分，这个教学内容表对于学生们来说是一个学习指导，更重要的是，教师已经给学生们提供了一个详细的地图，可以让学生们找到通往成功的道路。

分层教学

— Differentiate Daily —

　　分层教学并不是一个新概念。每年都会有一些刚毕业的大学生加入到教师队伍，而面试环节是必不可少的，当我们一群面试官展开头脑风暴准备面试问题时，多数面试官都想问关于分层教学的问题。因为几乎在所有教学标准中，分层教学这个概念都会被提及。这不是一种潮流，却是一个非常好的实践，然而我们也不得不面对实施分层教学的困难，教学区分是一个教学指导方法。教师在采用这个方法教学时在不断地成长，当然也需要得到广泛支持。

传统做法：忽略差异的盲点教学

一般来说，每个班级有30到50个学生，学生们有不同的家庭背景、不同的个人能力、不同的兴趣爱好、不同的学习方式。无论是社会还是家庭都给予教师这个职业殷切的希望——希望教师们能关注每个学生，给学生们提供更多的支持和成长空间，这对教师来说是个充满挑战的工作，可能让很多教师望而却步。

大多数教师知道学生应该掌握哪些技能，而且能把学生们普遍掌握的技能讲解到位。随着课程的推进，教师逐步确定哪位学生在理解内容上遇到了困难，然后给提供一些帮助，学生们在教师的帮助下慢慢地克服困难，学会了应该掌握的技能。

然而现实情况是分层教学往往缺少周密的计划和安排。安排的目的是把学习水平不同的学生适应教学标准。此外，更不妥的是有人把"教育区分"与"干涉"画等号。优秀的教师不会让这样的事情发生。

Example of Excellence

良好示范

尊重学生差异的教学

乔纳森·格因斯老师是一名七年级的算术老师，他任教的学校位于林肯市西部的郊区，这所学校一直都比较注重考试及分数，但格因斯老师的班级除外。他整个学年都实施自己制订的教学计划，他在每个单元的教学中使用相同的讲课步骤，每节课的结构也大致相同，长期以来，学生们已经很习惯他的教学方法，深谙他的讲课步骤。

格因斯老师在每个新单元的导入部分都会做一个小测试，该测试以教学标准为依据，试卷由不同难度的小题构成。试卷既有一定的难度，又充分区分了层次。为了充分利用时间，该测试一般安排在上一单元的总结性测试之后。根据导入测试的数据，教师依照教学标准将学生们分成3组：第一组是需要帮助的，第二组是基本满足教学标准的，第三组是高于教学标准的。接着，格因斯老师给每一个学生一张写有评定信息的小卡片。这里需要特别说明的是，为了保护学生的隐私，格因斯老师没有把这些信息在全班学生面前公布。

格因斯老师每天的讲课步骤是相同的，先是询问前一天的学习以及作业完成情况。得到学生们的反馈后，格因斯老师用15分钟讲新知识。讲完新课后，他在黑板上写下了与本节课内容紧密相关的3个问题，学生们在回答时，格因斯老师在教室里观察每个学生的完成情况，当他了解到每个学生的表现后，在表现较好的学生的卡片上写上一个标记"A"。

大约5分钟后，格因斯老师让获得A的学生们都坐在教室后面的座位上，原本坐在教室后面的学生向前坐，再根据他们的具体表现评定1A（一般）、2A（较好）、3A（最好）。每个范围有不同的习题，这也使活动更丰富多彩，这种区分让不同水平的学生都能参与，也乐于参与，而不至于因为活动太难或太简单使学生失去参与的动力，这一点有别于传统的课堂活动。

　　格因斯老师对其余的学生再做进一步详尽的指导，并在黑板上写下了3个难度略低的问题，然后再一次在教室中观察学生们的完成情况并根据他们的具体表现和测评结果评定1B（一般），2B（较好），3B（最好）。活动后剩余的学生就很少了，而这些学生也是格因斯老师需要给予特别关注的。格因斯老师在设计这样的教学步骤时，希望A组的学生能够帮助这些学生，同时也进一步证明他们掌握了当天学的内容。

有的放矢的教学方法

　　为了给学生们更多的成长机会，格因斯老师做了大量的工作，他的分层教学是以学生的表现为主要依据。在授课过程中他融合了教学标准，同时体现了教学的多样性，这样的教学方法不仅使学生们展现掌握知识的水平，还使教师在进一步教学指导时有的放矢，学生们在课堂上的互相帮助环节不仅巩固了自己学到的知识，还给其他同学提供了帮助。

分层教学的4个维度

　　看完上面提到的良好示范后，你可能觉得在课堂上使用这样的教学技巧有一定的压力。然而，请记住，你不必照搬格因斯老师的教学方法来体现分层教学。先了解下格因斯老师的分层教学有哪些主要因素，这样在教学中可以灵活运用，融入到教学中。

　　▶ 课前测试+多角度形成性测试=多重量化标准测试。

▶有声有色的课堂活动。

▶分层教学的基本线是满足学生需求。

▶备课时考虑4个关键问题。

▶课前测试+多角度形成性测试=多重量化标准测试

为了在讲解过程中体现区分、让讲解更有意义，教师首先要做的是确定学生的实际水平，并与教学标准进行对比，了解之间的差距。为了达到这个目的且尽可能促进学习，教师应该考虑"多角度测试"，仅仅用单一的测试方法或是单方面的测试对学生进行评估无法达到目的。下面请考虑以下情景，有可能影响课前评估或是形成性评估的结果：

◆ 学生们度过了糟糕的一天；

◆ 学生们在完成课后测评时明显精疲力竭；

◆ 学生们知道他们要掌握什么技能，但还没有达到熟练运用的程度；

◆ 学生们在某个单项测试中表现不错；

◆ 测试内容与学习内容有偏差或严重偏离教学标准。

基于以上情况，不难发现多角度测试是必要的，解决这个问题的最好方法是把每单元的课前评估与形成性评估相结合，结果应该能够提示教师将学习者的需要与教学内容融为一体，给学习者提供有意义、难忘的学习体验。

课前测试

课前评估这个术语已经在本书中多次提及，而且用较长的篇幅探讨过它存在的意义。实际上，它在教学中目的很明确，让教师把对课本内容、课程设置及课程计划的关注转移到以学生为中心的教学上。这样做的目的是在教学指导开始之前测试学生的水平，如果学生不知道教师即将讲解的内容，这不是以学生为中心的教学方法。

我曾经担任过高中校长，当时学校有一名美术教师就为学生们设计了一套电子媒体课程，用来设计实现学校发展目标的海报。我上任的前一年，目标之一是完成课程安排，有个学生创作了一个宣传海报，海报上的文字是这样的："如果课程早有安排，我们就不用学4次世界大战了。"虽然这份海报很有趣，但是这件事对于教育工作者来说却有些讽刺。在以学生为中心开展教学时，不应该假设学生的优势和缺点，要以事实为依据了解学生，不要让任何想法先入为主，不要忽略学生在学年内的进步。

分层教学的第一步非常简单：每一个单元都应该开展课堂评估。

日常教学测试

每一节课都应该有一个目的，除了专注于复习材料和评估学生外，教学的目的应该是教学生新技能、新内容。教师讲解完毕后，应该立即检测学习效果，否则就会浪费时间。

接下来的情景也很简单，但是它能帮助教师明白上面这个问题。

一名摄影师正坐在教师的后方，摄影师正在专心致志地用摄像头记录教师的一举一动，教师在课堂上的45分钟教学成了一部纪录片。

现在，请想象着你正在看这部纪录片，能否确定这节课是否有效果呢？

一个以学生为中心开展教学的老师的回答是"没效果"，除非你看到了学生与教师和教学内容的互动情况，否则根本无法判断这节课是否有效果。简单来说，教学指导是一条双向的街道，一条向外传递信息，一条接收信息，无论传达的信息多么丰富、多么好，如果没有被有效接收，这些信息也就失去了价值。

因此，你可以通过日常检查的方式确定学生们是否取得进步，这就是每天的形成性评估。教师应该随时准备调整教学以保证更好地服务学生，在形成性评估中有上千种技巧，下面给大家介绍一些我个人比较喜欢的技巧：

◆ **下课前回顾**：这个方法主要用于让学生回答本节课教师提出的问题，学生们在下课前把答案交给老师，这可以让老师全面掌握每个学生的学习情况及整个班级对新知识的掌握情况。

◆ **高水平的提问**：归根结底，评估离不开提问，如果教师提出的问题比较严谨、有水平，并能够让学生们参与到评估中来，那么学生就更容易掌握新知识。

◆ **指导活动**：开学之初，为了建立良好的师生关系，教师往往会安排一些与教学结果密切相关的课堂活动，一般是分组进行。这样做不仅可以让学生们在分组活动中学会合作，还可以让教师通过测试、练习和活动参与观察学生的状态，这样的师生关系和合作对于学生的成长非常有益。

▶有声有色的课堂活动

以教师为中心的教学强调让每个人了解或者熟练运用教学内容。但是可以想象，成千上万的孩子们无聊地坐在教室里，听着老师们不停地讲解他们并不感兴趣的材料。而以学生为中心的活动一般都会关注每个学生的成长，教师把更好地设计教学计划、安排学生活动当作自己的责任。

丰富多彩的课堂活动可以有很多形式，也可以使用多种方法，教师设计活动时需要考虑的因素包括：丰富多彩并不等于多给学生分数；丰富多彩并不需要评定不同的级别，不要觉得你这样努力地工作会被学生们嘲笑，一旦你接受了这个概念，就必须明白如何创造一些系统的方法每天丰富学习生活。

以下方法并不是详尽地介绍系统的方法，而是一些以学生为中心的技巧的概述，这些方法可以更好地教育学生。

◆ **拓展技能**：教师最喜欢的分层教学手段就是技能的延展，这个策略能给已经掌握教学内容的学生更多、更难的内容。但这绝不是给学生增加负担，是为尖子生特别准备的。在设计时如果能以课程标准和学习效果为主，这套方法会更加简便，给学生更多益处。

◆ **同龄人指导**：这是一个简单却能充分证明学生已经熟练掌握所学知识的课堂活动，因为如果学生能够用有限的知识和讲解技巧让同学理解，那么他自己肯定非常明白。在这个教学活动中，教师让学得比较好的同学帮助他人，虽然不是讲解新的内容，但能实现学生从优秀到卓越的飞越。

◆ **课代表**：当有充分的数据证明，班上的一部分学生已经熟练掌握了某部分内容，你可以让他们帮助你教课，成为教学助手，设想一下：

背景：约翰和爱丽莎是你的两名学生，他们在课前评估环节表现得非常好。

"约翰，爱丽莎，这是我明天打算教的内容，下面这些是我希望剩余的学生明天课上要做的内容，你们能告诉我如果你们是老师，你们会怎么教这些内容吗？你们两个在课前评估环节表现得非常好，我知道你们已经对新课有一定的了解，所以我需要你们的帮助，这里有一些我将在明天的课上提出的问题，你们能提出一些更难的问题吗？记得要附上新问题的答案哦！"这个对话只是一个例子，教师可以根据自己的实际情况让那些在课前评估中表现出众的学生参与到教学计划中来，这样做能加深他们对知识的理解，开阔他们的眼界。

◆ **不同难度的文字资料**：这个活动可以在每一个科目的课堂上开展，因为无论是哪一科，课本内容都是由文字构成的，也都会有具体的背景介绍，所以为学生们提供不同难度的文字资料是实现分层教学的途径之一。这样做也可以丰富课堂内容，举个例子，比如四年级的语文课上，教师想评估学生们表达某一观点的写作能力，学生们需要写出论点并提供论据，此时教师可以给学生们提供不同难度的文章以体现教学区分。

▶分层教学的基本线是满足学生需求

大多数学校、教师目前仍用分数判定学生，所以教师的很多决定也是以此为基础。教师在分层教学时要牢记一件事：如果需要补充教学，一定要有特定标准，而不是特定分数。通过补课或增加作业，不及格的分数可能提高，但这毕竟不是一次达到教学标准的，因此他们即使通过补救活动等方式达到教学标准，也不会被评为较高的级别。真正满足学生需求的分层教学会采用评估学生们的熟练程度的模式，远离靠题海战术取得的高分。

补充教学是根据学生的表现，判断有些人需要额外支持才能达到教学标准，并不是以分数衡量。为了让这个过程更易于理解，教师可以借助电脑记录学生课堂表现，有了这样的对比结果做依据，扶植学生们学习就不是难事了。

宏观上讲，补充教学应以同样的方式进行，所有的学生都应接受评估，然后由教师采集评估数据，具体操作方式可以是教师提出问题后，每个学生都将自己的答案写在小白板上，然后在规定的时间举起小白板展示答案，教师可以通过这个过程观察哪个学生回答得比较吃力，哪个题学生们回答有困难，然后提供一些补充讲解，直到他们能从容答题。这个过程可能是10分钟，也可能是10天。有的学生可能已经掌握了98%的内容，有的可能才刚刚掌握38%的内容。再次强调，这个测试不是以成绩，而是以教学结果为依据，而且已经具体到了某个程度，此时学生才真正需要辅导。

▶备课时考虑4个关键问题

为了每堂课都能使用分层教学，而且系统化，这需要教师在每节课前认真计划。尽管有些教师有能力应变突发事件，可以及时提供补救方法，但教育区分绝对不应该是教师遇到状况时的即兴发挥，而应该是预先计划好的。优秀教师会把以下四个问题嵌入教学计划：

1. 我们清楚想让学生学会哪些知识并使用吗？

2. 怎样做才能知道学生已经掌握内容？

3. 当学生们没有学会某些内容时，教师应该怎么做？

4. 对于已经掌握了教学内容的学生来说，教师应该做什么？

为了让这些内容更容易被人理解，下面我们来逐一解释并讨论如何更好地将这些内容渗透到讲解中。

我们清楚想让学生学会哪些知识并使用吗？

◆ 张贴每节课的教学预期结果；

◆ 学生也要把自己想要达成的目标写出来；

◆ 课上的任意时间，学生都应该回答老师所讲内容的目的。

怎样做才能知道学生已经掌握内容？

◆ 在每节课上或每节课结束前，教师应该安排一些活动，用以了解学生对当节课的掌握情况；

◆ 为学生预先设计学习体验，教师可以在课上收集一些学生的信息，其他同学也会受到影响；

◆ 检查学生进步的方式要与教学目的一致。

当学生们没有学会某些内容时，教师应该怎么做？

◆ 如果教师发现有的学生对所学内容一知半解，应该立即用预先准备好的活动帮助学生；

◆ 这个活动并不是让你用相同的方式讲解相同的材料，而是应根据具体情况适当调整音量与语速；

◆ 用不同方式解释教学素材——或者改变方式或是使用不同讲解体系；

◆ 当学生对某个问题或是某个技巧的讲解有疑问时，教师应该立即回应，而不应该等到几天后再来答疑。

对于已经掌握了教学内容的学生来说，教师应该做什么？

◆ 对于已经熟练掌握知识的学生，教师应该制订特别计划保证讲课的效果；

◆ 教师应该制订一些方案让自己的课堂更有趣，事实证明，这样做更易于学生们掌握新知识；

◆ 准备一些课堂活动，但在活动开始之前教师应该做好充分准备；

◆ 丰富的课堂活动应符合教学标准，比如在数学课上自由阅读就不合乎教学规范。

STRATEGY 方法 5

适应学生学习兴趣的
"弹性"教学

— Give Students the Right to Choose —

　　大多数成年人都读过不少有关健康方面的研究，也看过不少关于健康的电视节目，有的人甚至多次去医院向大夫咨询健康保健方面的问题。无论哪种途径，结果是一致的：想保持健康就要多运动。尽管人们知道运动很重要，还是宁可坐着而不愿意站起身。即使有人说保持健康的唯一方法是打篮球，也不一定会有多少人行动起来参与这项运动。如果你问医生运动的目的是什么，回答是延缓心跳速率。听到这个答案，我们不禁会想，要达到这个目的也不只有一种运动啊，还可以有其他选择！运动如此，学习亦如此。

研究表明，在教学中每个单元都有些固定的内容，包括内容丰富的单词表、明确的主题、基本教学目的、教学标准以及文化知识。而文化知识这一点最重要，学生们只有掌握了这部分内容，那么他们毕业后才算是一个真正有文化底蕴的人，有些教育工作者非常注重前几项，而容易忽略文化知识和文化背景的重要性。提到文化知识，我们不禁会想到：某脱口秀节目在街头随机采访路人，记者问道："二战的同盟国是谁？"有路人答道："中美苏（正确答案是以德国、意大利、日本为轴心的法西斯同盟）。"这就是典型的文化知识匮乏的表现。

教师们辛勤耕耘，其中最重要的事情可以概括为3个方面，即丰富学生们的词汇量，按照教学标准授课，提高学生的文化内涵。然而，在现实教学中，教师往往把学生们的学习限定为某一种方法，就像上文的那个例子，为了提高某段时间心跳速率，只让你做一种形式的运动——打篮球。导致的结果是主动参与这项运动的人少之又少，关键在于选择的单一性。而在这方面教学与运动如出一辙，如果我们想让学生们积极参与到教学中来，那就需要照顾到所有学生、因材施教，教育工作者必须是有弹性的人，能根据不同的学生"变形"，而不是希望学生不断地适应我们的喜好。

传统做法：给旧知识"炒冷饭"

目前美国每个班有大概30名学生，学生们的各方面能力参差不齐，有的人存在行为方面的问题，有的学生甚至有残疾。而每一年，每个教师平均要新认识五十名学生，这些情况都给教学工作增加了难度。实际上，目前教育工作者所面临的困难可以说是史无前例的。教师的工作不仅有一定的难度，还有一定的个人特点，因为每个人都有喜恶，故此有的教师总是喜欢把自己喜欢的内容一年又一年、毫无变化地教给学生。我相信美国的每个教师都有自己最喜欢的单元，可能是小学二年级课本中关于鸟类的那个单元，可能是四年级课本中关于热带雨林的那个单元，可能是六年级课本中关于细胞结构的那个单元，也可能是初中三年级课本中关于第一次世界大战的那个单元，总之，一定存在着一个深受教师喜欢的单元。

这些单元的本身并没有什么坏处，只是这样的内容会淡化学习技能的重要性。希望您读完这本书后能做出改变，也希望您能在讲解第一次世界大战时，不只是让学生们记住战争中的重要事件和时间，更能让学生具备对比、分析的能力，并将学到的技能运用到其他战争的学习中。当教学以结果为目的、以学生为中心时，课本中的内容就不再是难题了，当然，并不是说学生们不用记住南北战争的参与者，只是没有必要让学生们记住某个战役发生的时间，因为类似的信息学生用计算机十几秒钟就可以查到。21世纪的学习者不应该被上个世纪的学习方式束缚，新的学习法对学生们大有裨益，所以教育工作者必须先跟传统的教育模式说再见。

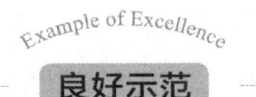

Example of Excellence

良好示范

历史课上的"九宫格"

尼尔森是初中一年级的历史老师。他从小就很喜欢历史，喜欢读历史故事，从那时起他就梦想着以后能成为一名历史老师，经过不懈努力，他终于实现了这个梦想。刚开始工作时，他觉得作为一名历史老师，应该尽全力让学生们记住每一个重要历史事件及开始和结束的时间、参与人物等，为此他付出了很多努力，比如联想法和闪卡等方式加深学生们的记忆，学生们也确实记住了不少信息，但这种做法对提高学生们技能，以及应用到其他学科的能力几乎没有作用。3年前，尼尔森老师决定改变，他不想再墨守成规。改变初期尼尔森老师很痛苦，但如今，他觉得自己当初的决定太正确了。因为他已经在学生们的身上看到了变化带来的进步，接下来他教给学生们成功必须具备的技能，他不再把工作的注意力全部集中在课本上。

尼尔森老师用"单元任务板"这个方法开始改变，图表5.1为大家展示了一个初中一年级的"单元任务板"，本单元的主题是军事冲突。

尼尔森喜欢在表格的中心位置写上一个综合性的问题，完成表格内容是每个学生必须要做的。为了完成单元内容，学生们必须再做一个"直线任务"，也就是再完成两个任务。这4个选项详见图表5.2。

尼尔森在设计表格时，他把较难的活动放在表格最底部的一行，

图表5.1

按照时间顺序制作一个美国内战重大事件表。	制作一个海报描述自1700年以来美国发生的重大军事冲突，并阐述发生的原因。	从下面三个人物中选择一个并写一份三页的人物传记。
制作一个PPT，展示过去115年里最有战斗力的美国将军并上传到学校网站。	用3至5页纸的篇幅阐述三个引发战争的原因。	战争安排上，越南战争与"沙漠风暴"行动有哪些相似之处？
随着社会变革，未来战争的起因与50年前的战争有哪些变化？请用PPT展示出来。	创作一个剧本，在剧本中美国军队救了1万余条生命，并仍然实现了军事目标，剧本应以1900年后发生的战争为背景。	以一个播客的身份详细说明过去两百年中，美国在战争中所犯的最大的失误并阐述避免的方法。

把较简单的任务放在图表最上方的一行，这样就可以保证每个学生或者是完成3个中等难度的问题，或是完成一个简单的、一个中等难度的、一个较难的问题。使用这个方式可以让已经精通学习内容的学生也有所长进。

新型教学无可比拟的优势

在这一单元的教学中，尼尔森老师打破传统的历史课授课模式。

图表5.2　任务选择方法

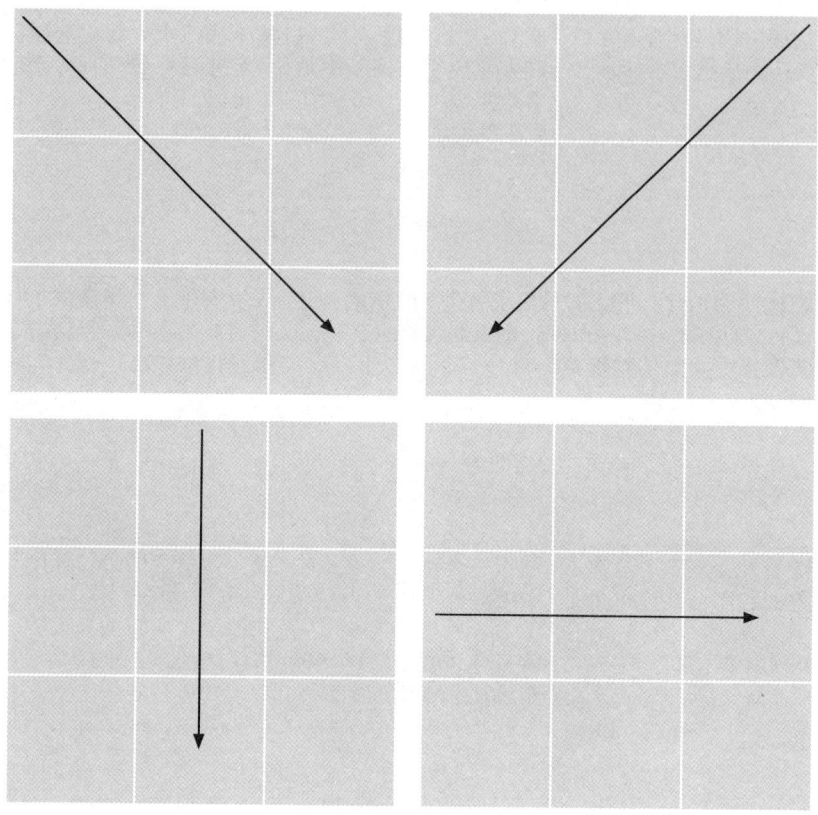

他并没有依赖课本，也不完全按照时间顺序讲解课本内容。相反，他用了一种不同寻常的方式——单元任务板，为了让学生们有更多的选择，他还做了很多的努力。他并没有让所有的学生使用相同的内容，而是给学生们不同难度的话题供他们自由选择。

再也不怕捣蛋鬼扰乱课堂的方法

我们曾经提过，给学生太多的选择可能阻碍教师控制课堂，这样会增加教学难度。然而，给学生们选择的权利是一个以学生为中心的教学方法，保持二者的平衡是很多教师要考虑的问题，在此提醒大家注意以下几点，相信您在熟练运用以下方法后必将会在教学中游刃有余，具体内容如下：

▶ 跳出课本的小框框。

▶ 多种多样的测验方式。

▶ 设计树状知识结构。

▶ 别再让学生当频频点头的应声虫。

▶跳出课本的小框框

目前社会上存在很多教育教学方面的研究，其中一部分是关于是否应该给学生们学习上自由选择的权利。尽管在教育教学研究中总是存在两个对立的阵营，但在这一点上两个阵营却达成了共识，即学生们参与学习的积极性越高，他们越能发挥主动性，学习效果也越好。然而，对于一些教师来说，把这一理论渗透到课堂教学中存在一定难度。

如果教师能在课堂上开展以技巧为基础的测试，这个难题便迎刃而解了。许多教师在测试时以技巧、结果、标准为基础，他们希望准确、客观，但是在授课时仍然以课本内容为主。为了证明这一点，举两个例子，人物是同一批学生和老师，一种情况是需要改变测试方式，以符合教学大纲。而另一种情况中，并没有提到评估，而是讨论放弃嵌入最喜欢的单元，那么这两种情况中，哪种更让教师们觉得不安呢？是改变测试方式还是不再教《荷塘月色》？如果老师们更担心后者，这就说明即便是教师们在课堂上开展以技巧为基础的测试，他们还是想以课本内容为主体。

重技巧而轻内容的转变是有一定难度的，而随着学生们的知识储备愈来愈丰富，难度也在增加。在此我们为教师们提供一些小技巧，希望能对您有所帮助。有时候改变并不像想象中那么难，当你逐步改变原来的状况时，你的信念也会随之改变。

● 3：1的比率

对于学生需要掌握的每一个技巧或预期的结果，教师应该至少设计3套方案以实现目标，而设计的过程也正是教师从多角度思考教学的过程，这个过程可以让教师更了解教学大纲，从而把教学高度提升到课本内容之上，慢慢地，这就成了一种先进的思考方式。下面我们以医学和疾病这个话题来举例说明：

◆ 在给高中生讲解医学和疾病这个话题时，教师应该用图表和背景资料相结合的方式来解释哪种治疗方式更有效，这样他们会更愿意学习治疗方法，也会更愿意把其他疾病的相关资料用图表和文字相结合的方式表现出来，比如高血脂、癌症、哮喘等。

◆ 在给初中生讲解医学和疾病这个话题时，教师可以讲解新疾病对社会造成的影响，讲解前，教师应该收集相关背景信息，这些内容最好图文并茂，而涉及的疾病可以是禽流感、艾滋病、瘟疫等，而课本中一般只提及一种疾病的信息。

◆ 在给小学生讲医学和疾病类知识时，教师应尽力把课文与世界联系起来，教师可以给学生们讲一些小故事加深学生们对新知识的认识，比如科学家就就业业研制药品的过程，病人与疾病抗争并取得胜利的事迹等。

● **自我诊断**

教师都会钟情于教学中的某一个环节或某一件事，以前我教社会学时，会不由自主地用固定模式思考。希望课堂活动能让每个学生受益，尽管这个活动可能非常不错，但有时也无法关注到每一个学生，我太注意活动的趣味性而没有把注意力集中在技能的学习和教学结果上。

● **课堂满意度调查**

在评估结束后，教师做一个简单的课堂满意度调查，问卷可由一至两个问题组成。询问学生们对老师的讲解过程是否满意以及他们是否掌握了所学内容。

▶ **多种多样的测验方式**

根据评估技能的不同，教师应给学生们多种选择让他们证明自己已经掌握了所学知识。除非是一些要求较为固定的题目，比如对应单元内容的写作。其他要求较为宽泛的内容教师都应该灵活操作，给学生们选择的空间。比如你想测试学生是否掌握了记叙文的组成要素，可以让学生们写一篇记叙文，或是标示出某篇记叙文中的要素，也可以让学生用PPT等形式展示记叙文的内容。在这方面，我们给大家提供一些小贴士。

◆ 记住学习类型（有的学生是复合型学习者）。

◆ 如果给学生们提供学习类型的描述，那么他们就很容易知道自己的是哪种类型的学习者了，具体的学习类型有：文字型的、讲解型的、内省型的、自然学习型的、动觉型的、逻辑型的、空间型的、语言型的。

◆ 给学生们选择上课方案的机会。

◆ 这方面，教师可以给学生们提供教学结果、技能及标准，然后由学生们设计教学活动所需要的产品或任务，直到最终达到教师的要求。

◆ 设置一个题目，确保题目的评分难度和系统性。

◆ 题目要有明确的教学结果，如果教学结果明确，那么设置有区分度和效度的题目真的不是难事。

◆ 不要抵触新科技。

◆ 新技术有助于学生们表述学到的内容及对新材料和新技能的掌握，这种情况下，你不要感觉不舒服，更不要用固有的工作习惯约束学生的发展，这样我们才能培养出真正的21世纪的学习者。

▶设计树状知识结构

如果技巧非常重要，内容应该是灵活的，之前的内容给我们真真切切地证明了这个概念，现如今我们不应要求学生说出滑铁卢战争爆发的时间或是朱丽叶去世时所穿服装的颜色，而是应该让学生们考虑滑铁卢战争为什么会在那个时间爆发，朱丽叶离世时所穿服装的颜色在书中有什么象征意义，而这两部分内容在讲解时可以有多种方法，为了增加学生们的参与度或让学生们有成就感，学生们可以选择一种自己喜欢的方法。

▶别再让学生当频频点头的应声虫

在教育领域，培养学生批判性思维能力是有一定难度的，也是对学生提出的较高的标准。为了提供更多的选择空间，教学预期结果应该是高水平的，为了让大家深入了解高水平思考这一概念，列举一个一年级课堂上会出现的情况，下面的列表为大家展示了一系列的教学结果。

◆ **了解**：确定本书的标题。

◆ **理解**：能够说出本书标题的含义。

◆ **应用**：通过听书中的故事内容预测书名。

◆ **评估**：由学生判断本书的标题是否够好，你认为更好的标题是什么？

◆ **创新**：学生们在听到书名后能够写出故事梗概。

以上我们列举的例子就是一位一年级教师在处理书名时的具体做法，这个做法可谓多层次，且难度呈递增趋势，很明显，课堂活动的层次越多，越容易给学生们提供选择的机会，而学生活动的难度越高，越需要高水平的思维，学生们也更容易选择他们要做的事情。

换个角度提问：
让课堂效率翻倍的技巧

— Questioning for Kids —

　　假如你正在一家超市购物，购物时间很有限，因为你稍后就要赶回家去看最喜欢的电视剧或是足球赛。当你准备去收银台结账时，遇到了一位久未谋面的熟人。因为这次不期而遇感到惊喜不已，在握手和互相问候之后，你们聊了起来，你问道："现在过得怎么样？"这个熟人我们就假设他叫史蒂芬吧，史蒂芬是个很实在的人，他礼貌而诚实地回答了你的问题，他说最近失业了，更不幸的是爱人前不久也离开了人世，他最近买了一条小狗做伴，前几天他在网上认识了一个网友，史蒂芬觉得他们二人一见如故、情投意合。此时，你俩聊得热火朝天，而你如果忽然终止这次闲谈显然是不礼貌的，就这样，你们聊了25分钟，而此时你还没有去收银台排队结账，很明显，你已经无法按照原计划回家了，更赶不及看电视节目了，这真是计划没有变化快啊！

感叹之余，我们回过头来看一下上面假设出来的情景。原本看似完美的计划被一个问题搞砸了，计划改变了，时间安排也要做出调整，仿佛事情都不受控制了。现在假想一下，如果类似的情景发生在课堂上，那么结果可想而知——一节课的一半时间就荒废了，教师将很难按照这节课的讲解计划完成任务。如果说失去了坐在电视机前的娱乐时间会让一个人心情沮丧，那么对于一名教师而言，失去课堂上宝贵的讲解时间则是可怕的。教师在课堂上天马行空地提问是一件危险的事情，教师在课堂上提出的每一个问题都应该考虑到学生的年龄及提问内容，所以大多数教师通常问一些不疼不痒、无伤大雅的问题，而这些问题对于孩子们来说既没有挑战性，也没有让他们从中学到知识。

传统做法：小明，你有什么想法

为了满足教学大纲、达到教学标准，教师们每天辛勤备课。他们熟读课本内容，到处收集素材、寻找资源，还要在教完一个阶段的知识后编出对应的测试题评估学生们对知识的掌握程度，他们做的这一切只有一个目的：希望学生们在他们的帮助下学到知识。教学过程中，教师们也会问问题，几乎在我讲授的，或是观摩的每一节课上，学生们都会被问到问题，然而这些问题基本上是检测型的或是基于课本内容的，有多少时候你会在测评或知识点巩固阶段问到以下类似的问题呢？

◆ 大家都学会了吗？

◆ 我们可以继续后面的内容吗？

◆ 本文中女主角穿的是什么样色的裙子？

◆ 哥伦布是哪年启航去美国的？

◆ 有丝分裂的第二阶段是什么？有哪些特点？

这些问题都是教师站在自己的角度问的问题，要么是教师问学生们是否可以继续往下讲，要么是问学生们是否掌握了所学内容。通过分析我们不难发现，这些问题可以让教师们用最快的速度向前推进，而不能帮助学生们加深对内容的理解。还好，不需要额外的计划和过多的研究工作，任何年级的教师都可以掌握以学生为中心的提问方法，只要勤于练习，你一定会熟练地运用。

良好示范

学生提供提问信息

海克逊是小学五年级自然课的教师。今天，又到了自然课，他要为大家讲解的内容是关于科学方法的一些知识。他先是给学生们播放了6分钟的视频，看完视频后，学生们在老师的指导下认真写下一个关于该视频的有思考价值的问题，这个课堂活动在几分钟之内就可以完成，因为学生们已经很熟悉这样的上课模式及流程，而且每个学生都会积极地提出新颖的问题，因为他们知道海克逊老师总会在课堂上大声读出那些出类拔萃的问题。这个环节结束之后，海克逊老师会走向他的抽屉，从中拿出一捆用橡皮筋捆得紧紧的冰棍杆，这些并不是普通的冰棍杆，每一根杆上写有一个学生的名字。

　　海克逊老师首先选了一根，上面写的名字是查德。然后海克逊老师让查德用一句简短的话来形容这个科学方法，整个班级鸦雀无声，大约5秒钟之后，查德回答说这个科学方法像一个计划。有两名学生听到他的答案后觉得查德的答案没有自己的好，于是就举手示意海克逊老师想回答这个问题，但海克逊老师提醒这两名学生说如果他们是想回答问题，那么是不可以举手的，只有当他们想对老师提出问题时才可以举手。然后海克逊老师让查德继续，来进一步解释自己的答案，查德按照老师的要求做了。之后，海克逊老师又从冰棍杆中随机抽取一根，这次选中的是布莱德，海克逊老师让布莱德谈谈查德在解释自己答案的过程中最精彩的内容是什么，但布莱德却回答说："我不知道。"听到这个回答，海克逊老师并没有感到诧异，他对布莱德说："我希望你给出自己的观点，而'我不知道'这句话并不是在表达观点。"海克逊老师又重复了一遍查德的解释，并且又向布莱德提问刚才的问题，全班鸦雀无声，大约10秒钟之后，布莱德对查德的答案做了简短的评论。

　　接下来，海克逊老师继续下面的课程内容，他把学生们分成若干讨论组，分组工作结束后，学生们起立并离开自己的座位，很快形成了一个个讨论小组。海克逊老师给每个学生一篇简短的阅读材料，材料中表述了纸和篮球是否同时落地。然后海克逊老师给每个组发一张白纸，让他们在白纸上绘制一个表格来说明在阅读中组员们哪些部分是按照科学方法做的，哪些不是按照科学方法做的。学生们绘制表格和讨论问题时，海克逊老师快速浏览各个小组的学生提出的问题并把这些问题记在头脑中，他这样做是为了确保接下来的讲解包括这些问题。这件事情做完之后，他继续在各个小组之间穿梭，了解学生们完成的任务情况。15分钟之后，大多数学生已经讨论完成并得出结论，这时海克逊老师把他们绘有表格的纸张收上来，并问了一个学生提出的问题：除了科学课上，你还会在什么课上用到这个科学方法？

　　当海克逊老师发现有一组学生不知道如何回答时，他又耐心地讲解了一遍本节课学到的科学方法。其他各组学生热烈地讨论着，当海克逊老师问完最后一组问题后，他让全班学生集中注意力，然后问一些后续问题，这样做的目的是保证每个学生都掌握了今天所学的内容——分析该科学方法在其他学科中的使用，以及如果不按照正确的流程使用该方法会造成哪些影响。但当海克逊老师开始问问题的时候，布莱特妮、蒂芙尼、米歇尔、杰克逊和安尔文斯还在热火朝天地讨论着，见此情景，海克逊老师从冰棍杆中抽取一根然后问了一个问题，尽管冰棍杆上写的名字是"阿里"，但他故意点了蒂芙尼的名字，让她来回答这个问题。蒂芙尼顺利地回答出了正确答案，海克逊老师是在用这个方式打断他们不合时宜的讨论，他也继续问后续的一些问题，而从这一问一答中，海克逊老师也了解到学生们理解了今天上课的内容，他不必给学生们布置额外的家庭作业了。

学生的回答是推动课程的载体

海克逊老师在讲课时完全把学生作为中心，他在短时间内用学生们容易接受的方式讲授上课内容，然后他立即给学生们制定了较高的教学预期。这个预期十分明确，即学生们要用从视频中得到信息，他用这种方式鼓励学生们思考所学内容。这一课的讲解以提问为主，然后由学生们提供信息，这与传统的给学生填充知识的教学方法大相径庭。除此之外，海克逊老师还利用一切机会问学生开放式的问题，并以学生回答的内容为载体，推动课程顺利进行。通过比较学生和教师在课堂上的参与及发言时间，我们可以判断海克逊老师的课讲得非常精彩，他完全把学生作为教学的中心。

老师怎么问，学生愿意说

尽管这是一节五年级的自然课，但这种上课模式及提问形式适用于各年级学生。在上面这节课上，海克逊老师做了很多工作，我们把上述"良好示范"分解成若干部分，不难发现以学生为中心的提问应该具备哪些要素，现在我们来一起看看这些要素是什么。

▶ 开启积极思考的5个关键问题。

▶ 根据教学目的深入设置问题。

▶ 从"两个希望，一个变化"开始。

▶学生拒绝回答，教师怎么办。

▶保证每个人都发言的高效方法。

▶鼓励学生提问。

▶开启积极思考的5个关键问题

海克逊老师的上课内容是紧紧围绕课堂提问和讨论展开的，这是一个积极的过程，对学生的学习有着积极的意义。我们也从中了解到教师需要给学生分配一些任务，让他们主动获取信息，教师也应该多问一些问题。在此我们提到的"问题"一定要是开放式的、高水平的，那些不疼不痒的问题会适得其反，并且教师在课堂上提问的目的并不仅仅是让学生们回答眼前的问题，而应该让学生们从中得到启发和鼓励。

一些教低年级的教师或是从事特殊教育的教师，认为自己的学生年龄太小或没有能力回答问题，还有的教师觉得自己的学生是问题学生，这样的想法是非常错误的。其实，所有的学生都可以讨论复杂的问题。就在上周末，我看到两个孩子，一个5岁，一个6岁，他们一起用了20分钟的时间想到了一个方法可以让雪不融化，如果这样的对话可以在没有提示和教师指导的情况下展开，那么在有优秀教师帮助的情况下，奇思妙想定会纷至沓来。

最低标准：每天、每节课都应该包括至少5个预先设计好的问题，这些问题应引导学生们积极思考，并能让他们展开讨论。

▶根据教学目的深入设置问题

设置深入的问题是本书的主题之一，创造一个严肃的、有利于学生们思考的课堂环境对学生们来说至关重要，这是建立以学生为中心的指导体系的基础。在下面的图表6.1中，我为大家提供了一些问题样例，这些问题样例摘自布鲁姆老师评论中的《哥伦布去美洲探险》这一单元。

图表6.1

需要记住的内容	哥伦布去美洲探险时航船的名字是什么？
需要理解的内容	这次探险的初衷是什么？
需要应用的内容	为什么美洲的原住民被称为印第安人？
需要分析的内容	如果这次探险是由你发起的，那么在准备阶段你会做哪些事情以保证本次探险成功完成？
需要评估的内容	哥伦布是一名杰出的探险家吗？为什么？
需要动手创作的内容	假如你是当时欧洲某国家的国王，并且知道哥伦布即将开始探险行程，那么你会为他的探险之旅制订怎样的计划？

▶从"两个希望，一个变化"开始

在传统的课堂上，当老师向学生们提问时，一般会发生以下4个情况：

1. 教师提问后，不给学生留出足够长的思考时间，自己便迫不及待地给出答案。

2. 学生们一起回答问题。

3. 答题积极性较高的学生举手示意老师他们想回答问题，这些学生中有的人甚至站起身来，希望老师能叫他回答问题。

4. 课堂上没有人举手时，教师总是会让肯定能答得对的学生来回答问题。

客观地说，以上4种都不是专业方法，大家读到此处可能马上会想到以学生为中心的提问方式，教师们可以从我给大家的"两个希望，一个变化"开始改变自己的提问方式，"两个希望，一个变化"的内容是：

◆ **希望一**：对于教师来说，希望你们任何时候都不要说出你所提的问题的答案。（千万记住，如果提出了一个高水平的问题而你又最终给出了答案，那么这个问题毫无意义，而且提问环节也因为这个举动而功亏一篑，所以千万不要让这样的事情发生在你的课堂上。）

◆ **希望二**：希望你要求学生们有问题时才举手，而不是想回答问题时举手。

◆ **行为变化**：在教学中，叫愿意回答问题的学生站起来回答问题并不是上上策，最好的办法还是"良好示范"中提到的"冰棍杆选择法"，即把每个学生的名字写在一根冰棍杆上，需要回答问题的时候，教师随即从冰棍杆中抽取一根，抽到了谁的名字，谁就来来回答问题，在这个操作的过程中，已经被抽过的冰棍杆还应放回到其他冰棍杆中，而不要放到旁边，这样做的目的是让每个学生准备回答教师提出的问题。

▶学生拒绝回答，教师怎么办

教师希望与学生们建立一种和谐的、互相尊重的师生关系，因为只有这样教师的工作效率和学生的学习效率才能最高，才能促成"双赢"。优秀教师们很清楚怀疑学生的能力或是侮辱学生的人格会让原本良好的师生关系毁于一旦。对于一名教师来说，最让他们感到不舒服的，是在课堂上教师让某个学生回答问题，但这名学生却拒绝回答或是对问题不屑一顾。这样一来，这名教师处于一种尴尬的境地，他要做出一个艰难的决定："我是要给这个学生施加些压力让他回答问题，还是允许他不回答这个问题？"前者可能让这名学生觉得窘迫，而后者又不利于开展工作。无论这名教师的决定是这二者中的哪一种，这都会是一个"双输"的局面。

尽管这样的局面注定是失败的，但不是没有解决办法，只是解决办法在造成这个局面之前。教师应在开学前或是开学第一天给学生们发一份文字通知，口头通知也可以，但要保证通知到每个学生。内容是告诉学生们为了改进教学，学生们都要参与到课堂问答和讨论中，不参与者视为严重违反课堂纪律。在通知中，教师不仅要求学生们参与课堂问答和讨论，还应该告诉他们这样做的原因和重要性。即便是你已经跟学生们说明了这个要求，还应该在维护师生关系的基础上有效地运用提问方法，基于这一点，教师们应该注意以下几个小贴士：

● 虽然要求每个学生都参与课堂问答和讨论，但教师不应强迫学生给出某问题的答案，为了回答而回答是不可取的。

● 当学生对问题不知所措时，教师有责任引导学生回答问题：

◆ 原本的问题是：哥伦布是一名杰出的探险家吗？为什么？

◆ 学生答道：我不知道。

◆ 教师的引导：你觉得一名杰出的探险家应该是什么样的？

◆ 学生答道：我不知道。

◆ 教师的引导：你觉得一个优秀的人应该是什么样的？

● 教师应该时刻准备着引导学生，如果一个学生反复给出的答案是"我不知道"，教师要逐步引导学生回答问题，这是教师的工作。因为对于教师给出的问题，学生本不知道相关背景。

教师使用以上技巧几周后，凭借经验我发现需要教师逐步引导的情况明显减少，学生们参与的热情也大幅提升，因为学生们知道他们无法逃避，不如选择接受。还有一点也值得教师们注意，尽管教师给学生们提出了要求，告诉他们怎样做，并且教师也为课堂上可能出现的问题做了准备，但教师还应在一段时间后总结一下在课堂上你是如何让学生们参与课堂问答和讨论的，对不同的学生你用了哪些不同的方法？为什么会如此坚持学生主动参与课堂活动？

▶保证每个人都发言的高效方法

即使一个班级只有20个人左右，给这么多学生们提出较高水平的问题及后续问题也是相当有难度的。然而，尽管面对不同的话题，优秀教师总能找到方法与每一个学生分享他的思想。为了让所有的学生都在课堂上有发言的机会，教师们通常都会用到建立讨论组这个方法，就像我们在"良好示范"中提到的那样，讨论组一般都是按照一定的规则把学生们分成若干小组，每次当教师给出讨论的话题后，学生们自动去自己的小组展开讨论。教师们还常用到的一个方法是"思考交换分享法"，操作步骤如下：教师先提出一个问题或热点话题，学生们认真思考一段时间后把他们对这个话题的见解写下来，然后每个学生与同桌或旁边的同学交换想法、分享心得，活动结束后，教师可以按照常规方法提问，这个做法的好处是即使在课堂上有的学生没有被老师叫到名字回答问题，他已经与班里的某个同学讨论过了，这使每个学生做到了在班上开口说话。

▶鼓励学生提问

毫无疑问，以学生为中心的提问自然少不了学生发起的讨论和问题，这样的讨论和寻求答案的过程可能引发他们热烈的辩论，在本章的"良好示范"中，海克逊老师是用比较正式的方式铺垫的，教师们也可以在教室开放的环境中让学生们自由讨论，3岁到8岁的孩子可以问如下问题："如果一个皮球掉进了一个很深的树洞，我们可以用什么方法把它取出来？""为什么树叶到了秋天会变黄？""匹诺曹说谎时鼻子会变长，那么在生活中，孩子们说谎会发生什么事情？"随着学生们年龄的增长，这样的问题就会越来越少，他们会问一些学术性的、社会性的问题。总之，优秀的教师总有办法鼓励学生们开口说出自己的疑问和想法，与此同时，学生们的创新能力也得到了培养，而这对孩子来说这弥足珍贵。

STRATEGY 方法

改善学生课堂表现的金点子

—— Intentional Engagement ——

优秀的教师在帮助学生学习时，总会有各种各样的办法化腐朽为神奇。每个人的生命中都有这样的一个人，他们在我们的童年时对我们影响很大，这种影响是多层次的，也许在头脑中，你已经锁定了某个人，这个人也许是帮助过你的老师，也可能是父母，也可能这个人现在已经成了你的同事，也可能这个人就是你自己。

想想那些从幼儿园到小学硬性要求学生参与课堂活动的教师，他们有的遭遇学生行为上的抵触，有的因迟迟找不到合适的教学方法而伤心。令人感到欣慰的是，在他们的头脑中，学生们是不愿意参与课堂活动，而不是没有能力参与课堂活动。

当我们的教室中有不愿意参与课堂活动的学生时，很多教师会觉得无计可施，他们觉得自己无法驾驭课堂，难道就没有好的办法处理这样的局面吗？当然有！只要你与这些学生一对一地展开活动，这个难题就迎刃而解了。

解决办法并不是什么秘招，也不是闻所未闻的独到见解，只是可能我们从来没有把自己所学到的知识成功地运用到实践中，这个实践并不是简单地运用，而是在与比较难搞定的学生交流中体现出来的。我认识的教师都很希望学生们在课堂上能够积极参与，也很希望他们能帮助学生多学知识。本章我们将打破以往的课堂参与模式，不用那些用来对付"问题学生"的方法，希望本章给大家提供的方法能对那些希望学生积极参与课堂的教师有所帮助，并能让学生们把这种参与当作每天学习的一部分。

传统做法：课上80%的时间用于讲解教材

大多数教师每天会设计课程，有的教师准备的课程计划大概是两三页的内容，也有的教师用两行两列的表格来设计教学计划，还有的教师并没有文字的课程计划，而是在头脑中有个大体的雏形，虽然这些课程计划表现形式有所不同，但每位教师在走进教室上课前，头脑中都有一个计划，那就是希望他们的努力能帮助学生们学到知识。

下面我们来回顾一下最复杂的课程计划一般会包括哪些内容：

- 教学目标和教学结果。

- 适应教学标准的课程方案。

- 课堂讲解和指导。

- 授课内容及讲解方式。

- 学生们如何练习。

- 教师如何确定学生们是否理解了教师讲授的内容（形成性评估）。

- 结束一堂课的方法。

以上课程计划中所列的内容中有几项与学生的课堂参与有关系呢？课堂讲解和指导的设计是为了激发学生的兴趣，一般来说这与学生参与课堂有关系，但这两点不是一个概念。学生参与课堂活动，意味着学生们必须与教师讲解的内容互动或者学会某种特定的技能，在教师讲解的过程中，这是可以实现的。但大多数情况下，教师们在讲台上兴奋地讲解一个个知识点，学生们在座位上被动地听着，以上课程计划中真正涉及学生参与的部分也就是学生们如何练习和教师如何确定学生们是否理解了教师讲授的内容（形成性评估）。

作为教育工作者，我们通常情况下只是简单地希望学生们能够参与教学，却没有做到有意识地让学生们积极地与同学们互动、与老师互动、与教学内容互动、与教学媒体互动。我相信教师们都在全心全意地教学，并希望教学内容有趣，但有趣的素材和幽默的讲解不代表这是一个让学生们参与课堂的好方法，为了让学生们与教学素材更好地互动，教师需要转换角色——从信息的传达者变成学习的帮助者，这样情况就大不相同了。

Example of Excellence

良好示范

走下讲台的采访式互动

学生参与课堂应该从进入教室门的那一刻开始。教师经常思考如何让学生们积极参与课堂活动，所以他们极力让自己的课堂讲解有趣，希望用这种方式让学生们喜欢上自己的课堂，进而踊跃参与课堂活动。但实际上，在这种"圣人站在讲台上"的讲课模式中，无论教师如何认真地备课、如何设计课程安排，学生都无法真正参与课堂活动。以下"良好示范"是以采访的形式展现出来的，读者可以从中看出一名优秀教师是如何让学生们参与到课堂活动中的。

杨老师是美国达拉斯城区某学校初一的社会学教师，尽管这个学校的人口统计学被认为是充满挑战的、高难度的，但杨老师却骄傲地说她觉得孩子就是孩子，她有责任教孩子，让他们学会技能。在过去的20年中，最让她引以为豪的是她被社会认可。业内认为杨老师是最优秀的教师，一名可以让问题学生"束手就擒"的优秀教师。杨老师对工作的反应凸显出了她的专业技能，她对自己的总结很中肯，她说："我一直保持着创造力，我也在努力地让我的学生们充满创造力，在课堂上他们踊跃参与课堂活动，可以说他们比我要忙碌得多。"

当我们让杨老师谈谈教学细节时，她说自己会制订一些与众不同的教学计划，她说自己上课时，总会在刚上课时先告诉学生这节课的预期结果是什么，然后把剩余的片段划分成若干小段，每小段时长5分钟。她补充说这种安排并不是说学生们按照每个小阶段的时间安排，而是学生们要在5分钟之内与教学材料互动，更要在5分钟之内让学生们参与教学活动。

我们问杨老师与其他老师有哪些不同，她听到这个问题后面露难色，也有些迟疑，因为她觉得同事们也非常优秀，工作也很努力。她说如果非说与其他老师的工作内容有哪些不同，那就是学生们跟她说过的两点，她的脸上露出略带羞涩的微笑，然后她转述了学生们对她说的内容，学生们说："一是你虽然年龄比较大了，但你并不畏惧或抵触网络和现代技术。"接着，杨老师补充道："如果一位医生想用新方法医治病人，但是这名医生不愿意探索新方法，因为过程会充满坎坷，医生会经历探索带来的不适。如果是这样的情况，那么这名医生就是不称职的，他也不会当医生太久。这跟教学是一样的，如果我去参加教学交流会或是从书本、微博上了解到一种可以帮助学生进步的新方法，那么我就有责任把这个方法用到我的课程中，让我的学生们体验这种新教学方法的魅力，我绝不放弃任何帮助学生了解新事物的机会。尽管我已经年迈了，尽管我在网上操作需要30分钟，而换做我的外孙，这点儿小事儿他5分钟就能办妥，但是没关系，这些不会阻挠我。"

接下来，杨老师被问到了一个学生们经常在课堂上讨论的话题"和创新有约"。她又一次笑着解释说，那并不是什么约定，而是每节课学生们会讨论创新的好处，她说在每学期开学后的4个星期里，她最常用的句式是"我们要不断创新，因为……"然后，学生们会给出3个理由，这些理由是杨老师在开学之初教给他们的，本章稍后会给出这部分内容的概要，杨老师发现这个过程可以起到规范课堂的作用，还可以鼓励学生遵守行为规范，直到符合杨老师的课堂要求。

为什么互动这么重要

正如杨老师描述的那样，有意识地让学生积极地参与课堂，就是把注意力从教师指导和课本内容转移到学生与所学内容的互动上来，这个过程完全符合以学生为中心的教学理念。从教学计划阶段开始，有意识地让学生们积极参与课堂的教师不需要滔滔不绝的口才，不需要入时的着装，也不需要有会讲故事的天赋，他一定会把注意力从自己的身上，转移到建立课堂参与氛围和课堂文化上来，这样学生们才会与手头的教学内容互动，才会不断在学习中开发创新思维。

一呼百应的课堂不只是个传说

我们在良好示范中提到了杨老师的一系列以学生为中心的教学法，正如她说的，有意识的课堂参与关注教学计划和学生活动，这并不是说上课时精彩的课堂讲解不重要，而是说在以学生为中心的课堂上，教师的讲解已经不再是核心环节，这也给教师们一个启示：工作的核心任务是改进学生的课堂参与水平，教师可以在以下几个方面改进教学：

▶设计学生喜爱的活动：只要5分钟。

▶把握课堂互动的3种类型。

▶拆掉学生思维里的墙。

▶慕课教学与新媒体。

▶设计学生喜爱的活动：只要5分钟

简言之，教学计划是一个让学生们积极参与教学、积极与教学材料互动的计划，很多教师误认为教学计划只是把信息交给学生，在本章的"良好示范"中，杨老师谈到了她的5分钟计划，下面的图表7.1中我们为大家细化了杨老师的计划。

备注：教师可以根据自己的情况来制订计划，比如你可以制订10分钟计划，15分钟计划等。

▶把握课堂互动的3种类型

本章经常提到学生在课堂上的互动，这其中包括学生与学生的互动、学生与老师之间的互动，以及学生与学习材料之间的互动，这些都是课堂互动的主要内容。让我们来举一些例子，看看学生们在开展课堂互动时的大概情形。

学生与老师的互动

讨论与问答：讨论与问答是课堂上最常见的两项互动活动，教师们经常用这两项活动推动课堂讲解。这两项活动息息相关，我们也应该注意讨论是高水平的回答，也是学生间互动的主要方式。在

图表7.1 5分钟计划

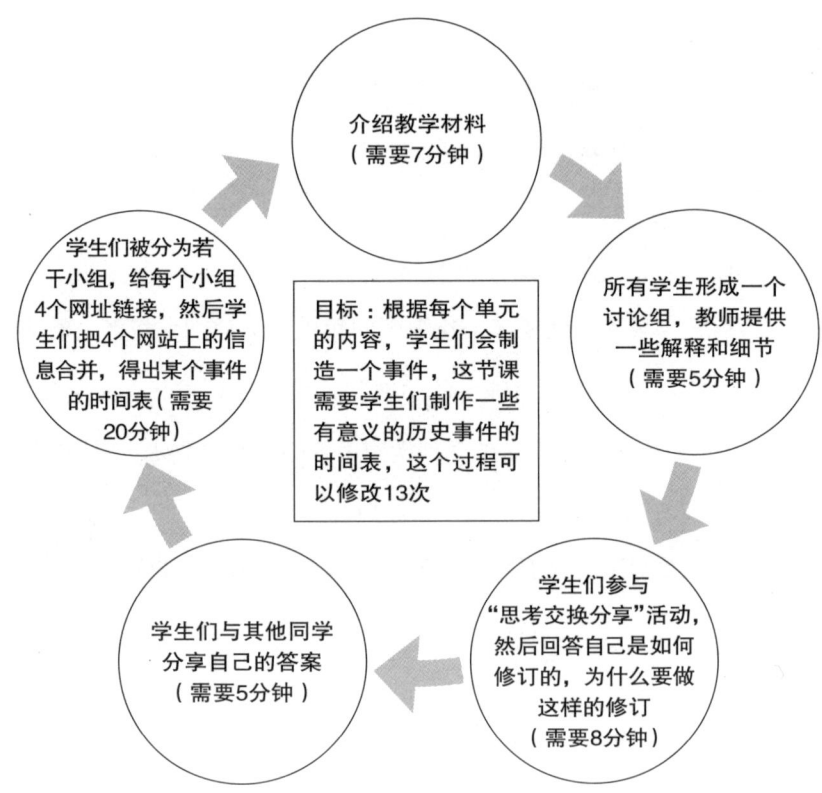

介绍教学材料
（需要7分钟）

学生们被分为若干小组，给每个小组4个网址链接，然后学生们把4个网站上的信息合并，得出某个事件的时间表（需要20分钟）

目标：根据每个单元的内容，学生们会制造一个事件，这节课需要学生们制作一些有意义的历史事件的时间表，这个过程可以修改13次

所有学生形成一个讨论组，教师提供一些解释和细节
（需要5分钟）

学生们与其他同学分享自己的答案
（需要5分钟）

学生们参与"思考交换分享"活动，然后回答自己是如何修订的，为什么要做这样的修订
（需要8分钟）

讨论的过程中，学生会查找课本及学习资料，并把讨论结果反馈给老师，这也在某种意义上实现了学生与学习资料的互动及学生与教师的互动。教师可以很容易掌控这种互动形式，在课堂上教师让学生们回答一个问题，或者仔细挑选一些问题供学生们讨论。学生们讨论的问题不应该是低水平的问题，所以学生们在这个过程中得到的答案也就会有一定的高度。让我们来就美国总统这个话题举例，来看看如何提问并展开讨论。

提问：第33任美国总统是谁？

讨论：在过去的50年中，你认为最杰出的美国总统是谁？为什么？

虽然讨论是一个非常不错的互动方法，但是只让学生们简单回答问题，也可以让学生们参与到课堂互动中来，只是这不是最好的方法。为了简化这个问题，我们可以先问一个问题：一个50分钟的演讲和一个需要讨论50分钟的问题，你认为哪个更有参与性？不容置疑，几乎每个人都会认为是后者。

合作：这个方法让学生们不得不参与到互动中来，在合作过程中，学生与学生之间有互动，学生与教学材料之间也有互动。有效的合作是学习技巧，学生们都应该学会这个技巧，教师应该在孩子很小的时候就开始给他们这方面的教育。就拿上面这个问题来说吧，如果一个7人的讨论小组中有4个人认为罗纳德·里根是过去50年中最杰出的总统，但他们没有提出任何直接的证据，那么尽管罗纳德·里根是本题的答案，但对于这个讨论组来说，真正的合作并得出最终的答案仍然困难重重。比如图表7.1所示。"思考交换分享法"是一个让学生们彼此熟悉、分享思考过程的好方法，在学生们合作的过程中，持续的活动会使学生们形成积极的学习习惯。

网络工具：学生们必须记住，互动并不意味着学生们只能坐在同一间教室里，学生们也并不是只能与自己的课本互动，因为教师可以从网络上为学生们选择无尽的资源，无论是网络聊天室还是日常对话，即便是针对某一话题，网络资源可以给学生们提供无限的互动空间。

学生与学习材料之间的互动

阅读：学生们在课堂上默读是一种很好的教学方式，因为默读可以加强学生们的理解能力，学生们还可以通过阅读拓展词汇量。然而，很多老师害怕当学生们默读的时候，学校领导走进教室观察学生们与学习素材的互动情况，如果学生们是在默读而不是大声朗读，领导无法从默读中看到学生与学习材料的互动情况。实际上，在学校的课堂上，学生们最需要默读，而且应该每天养成默读、默写的好习惯。

观看影视作品：观看影视作品也是一种很好的教学方式，而且电影作为一种参与媒体，它可以给人们留下深刻印象。毫不夸张地说，尽管《泰坦尼克号》这部电影已经上映很多年了，但是时至今日，仍然有太多太多人可以清晰地说出泰坦尼克号下沉的诸多细节。虽然这部电影并不是以历史事实为依据，但是这部电影确实给人们一种历史意识，有一部分人就因为看了这部电影后开始对这段历史感兴趣并开始寻根溯源。虽然《泰坦尼克号》这部电影不适合作为一个典型在学校中播放，但是教师可以选择一些合适的电影片段在课堂上播放给学生们，这也是改进学生们参与课堂互动、让学生们更爱学习的好方法。

写作：写作是一个非常科学的学术方法，需要写作者具有综合的思维能力以及丰富的素材，没有哪种技能比写作的要求更高，所以在一些重要考试和能力监测中总少不了写作这一项。而且在阅读和写作中体现的文学性也是课堂上关注的焦点，写作是课堂学习后知识再现的过程，而且它作为一项课堂任务，不允许学生们把它带回家完成，这就意味着在完成写作任务这个过程中，学生们不能参考任何资料，而是调用已有的信息来完成任务。

创新：如果一个学生能用一种新方法来表示他对所学内容的理解，那就说明他的能力已经到了一定高度。这种能力需要多种多样的想法和思维结构，其中有些想法十分具体，有些想法很抽象。创新也是一种技能，学生一旦掌握这种技能，会伴其终身，学生更会从中受益终身。我们不应忘记，在前文中创新位于学习能力最高层的原因。我们也要清楚记得教师在培养学生创新能力的过程中担任着多么重要的角色，所以那些促进培养学生创新能力的活动在教学中起着重要作用，在这个过程中，教师不应该是一个积极的活动参与者，而应该在活动中多多关注学生们及每个人的表现。

▶拆掉学生思维里的墙

对于年级稍高的学生来说，创新似乎是一个艰难的旅程。有些年纪稍高的学生甚至惧怕创新，他们怕自己的想法不够成熟，他们怕别人会因此笑话他们，尤其是在工作环境中，这种想法更加普遍。而青少年们在一起时，他们会给彼此这样的压力，所以创新成了一个艰难的任务，而教师想在自己的课堂上让学生们大胆地发挥创造力的好方法，就是在课堂上给学生们提供一个创新的文化氛围。而这种氛围当然不会在课堂上自动形成，创新文化作为课堂文化的重要组成部分，一定要在课堂上培养出来。

在杨老师的课堂上，"和创新有约"并不难理解，在这个环节，教师和学生们共同交流此技巧的重要性。

我们练习创新，因为：

◆ 创新是一项技能，是可以习得的，它并不是与生俱来的。

◆ 无论在哪项工作中，创新都是一种助你成功的能力。

◆ 创新需要思考，需要我们真正理解想实现什么目标。

◆ 在我们共同生活的世界里，如果没有新想法、新理念，那么这个生存空间将会索然无趣。

这不仅说明了教师为什么要把孩子们拉出他们的安乐窝，同时也承认人的创新能力不存在天生的高低之分，所以只要学生们努力，他们就可以掌控这项技能，并会很好地驾驭它。

本书的主要意图就是要把教师从课本讲解者变成学生学习的协助者，只有当一名教师把自己的角色由一名课本讲解者转变成学生学习的协助者，以学生为中心的课堂环境才真正形成。

所以那些在某个领域学识渊博的人不一定是一名优秀的教师，只有当他完成了以上的角色转变，他才是一名教育界优秀的园丁。

▶慕课教学与新媒体

大卫·斯朗博格曾经说过这样一句话："任何一名可以被计算机取代的教师，都应如此。"无论你认为这句话是在认可教师的工作还是在反对教师的工作，这句话是发人深思的。教师的工作经常被人低估，因为不是每个人都真正了解教师这项工作。在我看来，先进的科技及不断更新的软件看似可以代替教师的工作，然而如果认为他们能独立胜任教书育人的工作是荒谬的，但大卫·斯朗博格这句话却带来了教师与虚拟教师的冲突。为了推动教育的不断进步，教师必须与虚拟教师合作提高学生的学习热情，给他们学习的动力，让他们在学习之路上不断感受新技术的魅力。在此，我不得不提声名远播的可汗学院，大多数教育工作者对这个学院并不陌生，它是由孟加拉裔美国人萨尔曼·可汗创立的一家教育性非营利网站，主旨在于利用网络影片进行免费授课，现有关于数学、历史、金融、物理、化学、生物、天文学等科目的内容，教学影片超过2000段，机构的使命是加快各年龄学生的学习速度，它被认为正打开"未来教育"的大门。从我自身的经历来讲，我每次看到儿子的数学教师在讲台上滔滔不绝地讲课时，我都希望他能借助新技术、新软件未开始讲解数学，就像可汗学院那样。在此，我们为大家提供一些成熟的网络资源，希望教师们能有效地利用这些资源，希望这些资源能帮助他们更好地教书育人，这些网站有：

◆ **Twitter**：它是国外的一个社交网络及微博服务的网站，是全球互联网上访问量最大的十个网站之一。

◆ **Evernote**：印象笔记，它的使命是让每个人都能记录生活中的每一段时刻，每一个灵感，每一次心动，每一种经历。随时随地在平台或设备上记录所思所想，所见所得，并能迅速地搜索到任何记忆。印象笔记的用户可以创建文本和手写笔记，录下一段奇妙的音乐，记录一次心爱的旅途，剪辑网页上的文章，随时记录，随时搜索，随时保存。

♦ **可汗学院**：网址是www.khanacademy.org

♦ **翻转教学网站**：www.flipteaching.com

放学后，
学生变成自己的小老师
—— Give the Work Back ——

许多教育工作者都曾经尝试着跟学生们表明一个概念——让学生成为教学的主角，与这个信息最为相似的表达是来自于威廉·巴特勒·叶芝的一句话："教育不是灌满一桶水，而是点燃一团生命的火焰。"这个概念可以理解为教育和学习不应该是一个被动的过程，也就是说学生不应该是简单地从教师那儿获得信息，教师不能简单粗暴地把知识灌入学生的头脑，相反教师应该在教学过程中起到引导和促进教学的作用，这样学生们才能真正掌握并运用学到的知识，让知识长久地留在头脑中。

每个6岁或6岁以上孩子的家长都曾经教过孩子系鞋带，我也不例外。我也曾经教过孩子系鞋带，但我的经历与很多人不同，在此，我与读者们分享一下我的错误方法，希望大家引以为戒。作为教育工作者，我也从中得到了不小的启迪。

那还是我的长子快要上幼儿园的时候，我在开学前八个月时去拜见幼儿园老师，向他们咨询幼儿入学前该学会哪些技能，这位老师工作娴熟，不一会儿就给我列出了一个清单，罗列出孩子入园前这段时间家长应该做的事，"系鞋带"这一项就列在其中。于是，这件事就成了接下来几周我一直都很关注的事情，我们讨论了两种系鞋带的方法，一种是兔耳形状的，一种是把一根鞋带绕成一个环形然后另一根绕过来一拉的，从形状上来看像一只兔子耳朵，即便是这两种简单的系鞋带方法，也让我们陷入了困境，后来我觉得需要改进方法，我发现在运动鞋上系个蝴蝶结就容易多了，一周之内，我们就把系鞋带这件事搞定了！

生活似乎总是忙忙碌碌的，系鞋带这件事在日常生活中也慢慢变得不重要了，因为早上总是急着去上班，所以我没让孩子自己系鞋带了，而是匆匆地把孩子的鞋带系好后就出门了。在接下来的6个月里，我的儿子只是看着我完成系鞋带的动作，他能叫出每个动作的名字——绕成圈，塞进去，拉出来。就这样，时光荏苒，六月份很快过去了，7月也转眼成了过去，8月来了。我觉得是时候重新练习系鞋带了，6个月的时间里，我的儿子每天都在看系鞋带的动作，他虽然已经牢牢记住每个动作，但是自己没法系上鞋带，之所以会出现这样的局面，完全是因为我为他做了一切，他没有练习过怎么掌握这项技能。

传统做法：教学变得费力不讨好

教师们都在非常努力地工作，他们是勤奋的、有专业技能的人群，我的妻子就是其中的一分子。她很优秀，常常夜以继日地备课，对孩子们的照顾也是细致入微，她每周的授课时间有四十多个小时，即便是在假期她也坚持不懈地工作。教学是一个苦差事，而且它会对教师造成损害，如果你不相信我，请拿出一张期末教职工大会的合影，并把它与开学之初时的照片对比，你会发现绝大多数教职工看起来都比开学时疲惫，他们大都面色无光，仿佛需要别人一个拥抱，他们需要精神上的支持！

本章的写作意图就是让教师们能够放下一些负担，放弃一些耗时耗力的任务，使他们从日复一日的烦琐和枯燥中解放出来，抛开一些不重要的教学任务，把精力集中在更有意义的事情上。这样，他们才能有时间、有精力提升自己的业务水平，使自己的能力更上一层楼。

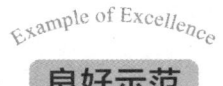

Example of Excellence

良好示范

学生全程参与的考试

史黛西·斯普拉特是美国明尼苏达州光华学院一年级的教师，

史黛西老师已经在这个学校职教了3年，她很受同事们的欢迎，并且在社区里也享有盛誉。此处描述的这个以学生为中心的课程是围绕一个单元的中期测评。

又是一个星期二，史黛西·斯普拉特老师正讲到数学课的后半节，她把学生们分成四组为测试做准备，本单元的学习重点包括：

1. 把圆形和矩形分成两等份或四等份。

2. 用1/2、1/4，或是圆形（矩形）的1/2、圆形（矩形）的1/4，类似的词语描述。

3. 把整个圆形和矩形形容为"两个半圆构成一个圆"，"四个小矩形构成一个大矩形"。

4. 明白等分能把图形分成更多更小的部分。

每组学生的桌子上都放了一份结果报告，他们的任务是在纸上写出一个简单的问题、一个中等难度的问题、一个难度较大的问题，并给出答案，每组学生有5到10分钟的时间做这件事情，问题写好后，学生们把写好的问题放在自己桌上的盒子里。

斯普拉特老师把学生们写出的问题收集起来，并对这些问题进行评估，然后斯普拉特老师把这些问题制作成一份评估试卷，在下节课开始的时候教师会把这份试卷发给学生们并给他们时间完成这份试卷。完成后学生们自己做出自我评估，之后斯普拉特老师会给出答案和每个题的详尽解析，学生们根据正确答案打分。

老师让学生们完成一份反馈报告，学生们根据自己的数据统计，从老师交代的4项中选出自己不太明白的,然后学生们制作一个文件，

110

图表8.1　学生们的数据及反馈结果

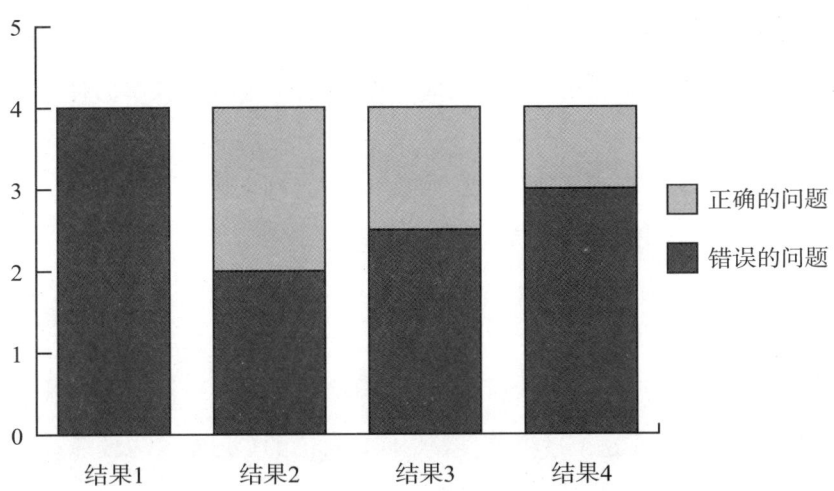

如图表8.1所示。

　　然后，斯普拉特老师让每个学生来到黑板前在自己不明白的项目旁做一个标记，因为每个学生都写出了自己不明白的内容，所以这个活动不会让没学会内容的学生难堪，也不会让他们有被孤立的感觉，当然更不会给学生们带来压力。

　　最后结果便一目了然了，斯普拉特老师发现很多学生不明白第二项是怎么回事，斯普拉特老师也发现并不是所有的学生都没理解这一项，于是她就让学会了这一项内容的学生来介绍一下他们是怎么理解的，他们有没有什么好办法能够把这部分内容让没学会的学生们更好地理解，学会的学生踊跃举手并讲述了他们的学习方法，他们中有的是自己学会的，有的是在父母的帮助下学会的，听完学生的解释后，斯普拉特老师对当天的数学课做了总结，然后她打开自己的教学主页并快速写道："今天的练习测试显示，学生们在掌握和运用第二点内容时存在困难（这部分内容我前几天已经让学生们带回家交给家长），请家长们尽量在家中给学生们创造复习机会并巩固这部分内容。"

学生不再害怕犯错和考试

在这个案例中，学生们几乎参与到了这节课及评估的每一个方面。首先，他们参与了评估内容的创作，接下来，他们修改了自己的评估内容，在这个过程中，学生们把自己的学习结果与教师对他们的正确答案对比。另外，因为这是一个课堂评估活动，所以学生们没必要把错误隐藏起来，因为试题的对与错并不会对他们的成绩造成不良影响。而且这个过程中，评估人与被评估人都保持中立的态度。接下来，学生们自己填写反馈内容、分析数据，并自己总结了全班学生的数据。然后教师为学生们创造了一个成长机会，即让已经理解的学生给尚不理解的学生阐述自己的学习方法，学生的语言和方法更易接受。而这个过程也更有利于教师了解学生们的潜在能力和学习特点，使教师更能因材施教。

老师怎么做学生才爱学

努力工作的教师不一定就是有效率的教师，教师们一定要认可这个事实，这样你才会有意识地把一部分内容交给学生。而这样做不仅有利于提升你的教学方法，更能使学生们积极参与到学习中来，以下是成功运用本策略应具备的步骤：

▶ 老师避免唱独角戏的3个方法。

▶ 考什么，怎么考，学生有权决定。

▶ 别只是生硬地打个分数。

▶ 根据学习情况制订教学计划。

▶ 让家长成为老师的好帮手。

▶ 老师避免唱独角戏的3个方法

　　我们来想象这样的画面：一名教师站在讲台上给学生们讲他精心准备的课程，教室里回荡的只有教师的声音。会发生什么？学生们可能是在学习，是被动地学习，只是为了跟教师互动而学习。换一个情景，比如我们想成为厨师，可以被动地看烹饪展示，最终我们勉强成为一个合格的厨师。然而如果去技校上烹饪课，老师既教授理论知识，我们又可以动手接触食材。请仔细思考这两者的不同？同样的道理，教学时也应该用第二种方法，即教师设计课程内容、调节课堂气氛时尽量给学生提供与"食材"接触的机会。教师无须讲太多细节，因为在这样的课堂上教师没把学生看作是"空桶"，可以把信息倒进去，相反，这些课程更关注学生，设计这些课程就是希望学生们能积极地思考、尽量多了解学习材料。

　　为了更好地做到这一点，你需要记住以下3件事情：

　　◆ **制定一个5分钟的时限**：每一课中都有一些内容是要教师讲解的，所以教师需要一些时间讲这部分内容并让学生理解，并且教师应该把独自讲解的时间控制在5分钟之内，如果不能，后果可想而知——这一定不是一堂有吸引力的课。

◆ **设计针对教学目标的问题**：教师在课堂上的讲解是为了保证学生们能够理解所讲内容，每节课之前请考虑："这课有一个教学目标，我必须保证每个学生都能掌握，而且就在今天。"优秀的教师可以通过一系列开放式问题实现目标，有的教师有这方面的天赋，如果你觉得你不具备，可以准备一些测试题培养这方面的能力。

◆ **杜绝机械地让学生抄笔记**：我们可能都看过、听过或是经历过这样的情况：教师站在讲台上，一边在黑板上写着授课内容，一边让学生们记笔记，随着教育器材的更新，有些学校开始了多媒体教学，PPT、投影仪等取代了老师的板书，但不变的是老师们一边播放着教学内容，一边要求学生们做笔记。其实这种教学完全是以教师、课本为中心的教学模式，这种情况下，学生们无法真正掌握并运用所学知识。

▶考什么，怎么考，学生有权决定

试想一下，高中生们坐在教室里，他们希望自己行为端正、表现良好，更希望学有所成。当翻开一本70页的历史书时，他们可能开始猜测哪些内容会是历史老师认为的重点。优秀的教师绝对不会让这样的事情发生，他们不仅会让学生们知道哪些是各章节的重点，而且会让学生们参与重点内容的学习。

注意：我们在了解这一项的细节之前，应该先确定你校的实际情况。学生更适合做评估复习还是评估试题。许多学校已经制定了形成性评估和总结性评估。这种情况下，教师就不应该安排学生们设计试题，而应该把注意力集中在安排学生设计评估复习上，这更有利于学生复习时有的放矢。

如果操作得当，以学生为主制作的评估或复习内容可以达到以下4个目的：

1. 它使学生们思考应该学到哪些知识。

2. 它使学生们设想这些内容怎样考核。

3. 学生们学会自己想办法寻找问题的答案。

4. 学生们在这个过程中加深了对知识的理解，也训练了批判性思维。

教师按照以下方法，实现以上4个目的并非难事。具体内容如下：学生以小组为单位，根据重点教学内容设计几个比较基础的问题并写出正确答案，然后再设计几个不同难度的问题。这不仅节省了教师设计试题的时间，还使学生们积极参与学习、教学反馈和合作。

▶ 别只是生硬地打个分数

我认识的每一个家长都有过节食的经历，虽然大家发福的时间点不同，但他们的做法很类似。当人们发现自己开始变胖了，就开始不断称体重，有的人每天称一次，有的人隔一天称一次，有的人一周称一次，或更长时间称一次。这么做的理由很简单，他们想跟踪这个过程，然后确定自己是否应该采取减肥措施，进而得到自己想要的结果。如果跟踪过程对想要的结果有利，在教学过程中也可以采用类似方法。

另外长久以来，教师一直被视为"记分裁判"，不知多少次，我听学生们说某某老师给我打了一个D，某某老师给我打了一个A。在我的职业生涯中，这样的评论我听过无数次，而学生工作文件夹就可以帮助教师迅速向学生和家长说明学生是怎样得到成绩的，同时转变了学生们进步与否的决定权，由原来的教师决定变成了学生自己决定。为了将工作文件夹的效果最大化，教师们需要知道以下5件事：

1. 学生们要自己制作并保存学生工作文件夹。

◆ 这个过程是希望给教师减轻负担，而不是增加工作。

◆ 设计评估系统或任务及安排学生反馈学习情况并不会耗时，因为学生也并非每时每刻都在做这件事情。

2. 学生工作文件夹必须保存在教师的办公室，亦可是电子文档。

◆ 鉴于文件夹里记录着学生们的学习进程，因此它对于教学和每个学生有着重要意义，所以应妥善保存且能方便取用。

◆ 电子文档更安全，更方便，也更便于组织。

3. 每个学生工作文件夹材料的排列顺序。

◆ 材料应该按照特定的顺序排列，按照学习结果无疑是最好的方法，不建议采用时间顺序。

4. 教学任务完成后，学生对每一个学习成果的反馈应该记录在文件夹里。

◆ 如果没有这部分内容，学生工作文件夹与普通的教学综合记录无异。

5. 学生工作文件夹应该伴随着学生，学生升级或更换老师时，其也应做相应变化。

◆ 这样才是以教学结果为顺序的，也便于多层次反馈学生的成长。

▶根据学习情况制订教学计划

所有优秀教师都应该做的一件事就是收集和分析数据，然而，这并不总是非常顺利、有效率。假设在某次高一学生的形成性评估中，教师莫里斯让学生们简要回答3个问题，这3个问题是关于过去3天学习到的化学知识。评估结束后，莫里斯老师批改450个问题，并分析这些问题的结果。得出数据分解成6个部分，然后再把这些内容运用到第二天的教学中。因为莫里斯老师是一个负责任的老师，而且他知道评估的结果对课堂内容有很大影响，所以原始结果分析完毕之后，他会有6个相似却不同的课堂计划。

同样的3个问题完全可以成为形成性评估的一部分，然后在课堂上展开讨论。学生们或许会为此有些忧虑，担心影响他们的成绩。所以，此时教师应该在课堂上传递一种理念，让学生们知道这样的形成性评估是为了辅助学习，而不是为了打分，学生们就会更愿意分享答案及给出答案的原因。我发现这个方法非常有利于教师收集和分析数据，与此同时这个方法潜移默化地增加了学生们的自信。具体内容是这样的：

教师把评估试题按顺序写在黑板上，并在每个题前标上A、B、C等。

教师告诉学生们评估要求：学生们需要把n个圆点写在黑板上，如果哪名学生觉得某个题需要更多辅导，请在该题前多画几个圆点（n的数量与评估试题的题量总数相同）。

◆ 如果学生觉得老师列出的试题都比较难，那么可以在每个试题前写一个圆点。

◆ 如果学生觉得在3个试题中的只有第二个题比较难，那么可以把3个圆点都写在这个题前。

◆ 然后老师指导学生们说出答案并记录。

◆ 任何一个题前的圆点数量是学生数量的1.25倍，就需要再教一次这个知识点。

这个环节在使用之初需要花费一些时间，但是几周后，随着熟练程度的提高，就只需要几分钟了。而且，这也是一个与学生沟通的好方法，让学生们了解这个环节的重要性，更让学生们知道教师是负责的。总之，这个做法节省了时间，教师们不必费力地分析复杂的数据，可以把时间更好地用在指导学生们学习、丰富课堂内容及设计教学计划。

▶让家长成为老师的好帮手

每个学生的家庭都应该参与到教育中，这是一个非常不错的方法。我曾经有过这样的经历：交流形式的重要性和必要性会随着学生们年龄的增长而减少。就拿我当前的状态来说吧，我儿子上小学一年级的时候，我们每周都会收到学校发来的校报，而孩子上高中之后，学生就成了父母的代表，我们很少去学校，也很少参加家长会。问题出来了：应该怎么工作才能使学校与家庭的交流更有效果、更顺畅呢？

答案就是让每个年级的学生都能参与到学校与家长的沟通和交流中来。想象这样一个画面：一群5岁的孩子，他们会因为把老师给他们的一张纸，或者自己的创作交给了家长而兴奋不已。再设想一群青少年，他们会鼓励父母去参加一个与自己无关的家长会吗？所以想提高家长的教育参与度，就一定要让学生搭建沟通的桥梁。换句话说，学生们积极参与学校活动，家长才能参与其中。根据学生的不同年龄，可以划分为3个层面：

1. 幼儿园—小学二年级：

家长们在这个阶段参与的热情最高，学生在这个阶段与家长们的交流也最多，交流活动丰富多彩，方式多种多样。其中之一就是每周选出一些学生作为教育交流小帮手。比如：

◆ 学生们帮助输入校报新闻。

◆ 校报上刊登学生采编的新闻或学生优秀作品等。

◆ 在校报上专门开辟一个区域，让学生们发表自己的心声，也可以是自己总结的警句等。

2. 小学三年级—六年级：

这是一个比较特殊的年龄段，在这个阶段，家长们参与教育的积极性明显下降，因此要竭力保持家长们的参与度。但是很多时候教师与家长的时间有冲突，所以最好的办法是由学生们起纽带作用，让家长们参与到教学过程中来。具体内容如下：

◆ 每个周五，教师把学生写给家长的信发给家长。

◆ 教师组织每个学生开个人博客，介绍班级活动及自己的参与感受。

◆ 教师可以开通班级主页，并由学生们不断更新内容，这个主页主要是介绍班级活动细节。

3. 初中一年级—高中三年级：

这个阶段对于教师来说是一个不小的挑战。很多教师觉得已经使尽浑身解数，但仍然无法让家长们参与到教育中，即便最终个别家长参与，却也没有太大意义。其实还是应该把注意力放在学生身上，别忘了，他们才是教师和家长共同关注的焦点，也是双方沟通的桥梁。举例说明吧！

◆ 定期安排学生们组织家长、学生、教师共同参加的会议。

◆ 由学生组织教师和家长互动。

◆ 让学生们把学习结果的反馈内容及近期的学习进展写下来，然后让学生们把这些内容用电子邮件的形式发给家长。

◆ 由学生们自己制作班级网站，搭建互动平台，展现班级风采！

STRATEGY 方法

妙趣横生的作业

— Student-First Homework —

　　家庭作业、家庭作业、家庭作业，这是每个人再熟悉不过的一个词语，毫不夸张地说它伴随了大多数人整个学习阶段。给学生留作业是一个颇具争议的话题，目前市面上有很多相关书籍，也有很多活动和文章探讨它的存在性和重要性。也许有的人觉得家庭作业不重要，也许有的家长从某个网站下载一些家庭作业供自己的孩子使用，而这一章我们并不想讨论学校是否应该给学生们布置家庭作业，而是要把教育工作者零散的想法汇总，然后给教师们提供一些建议，帮助他们开展以学生为中心的教学。

121

正式开始这一章之前，希望每个人意识到一件事情。我曾经与上千名教师交流过教学心得，当谈到家庭作业时，我总会问这样一个问题："你为什么布置家庭作业？"我得到的答案不是"因为布置家庭作业会让我觉得很开心"，也不是"我想给孩子们施加一些压力"，他们的回答基本上是希望通过布置家庭作业，来让学生们巩固并掌握所学知识，并使学生们变得更加优秀。在交谈中我发现绝大多数教育工作者认为学生们可以从家庭作业中受益。这个观点很重要，因为本章的目的就是确保教育工作者的言行一致，用实际行动实现服务学生这个目标。

传统做法：机械乏味地留作业、判作业

为了给学生们提供高水平的课程讲解，也为了让学生们积极参与学习，教师们花费大量的时间备课及做课程规划。认真关注学生们的表现后，教师们发现学生们在学校没有足够的时间通读需要了解的所有资料，所以教师一般都会布置家庭作业，敦促学生们有效利用课余时间。家庭作业的内容大体可以概括为三种类型：第一，家庭作业是课堂讲过的内容，教师布置家庭作业是为了让学生们巩固并掌握所学知识；第二，教师根据所学内容为学生们布置难度较高的试题，学生们独立解决；第三，教师布置的作业是即将学习的内容，这样的家庭作业相当于让学生们预习。

家庭作业深受学生、家长、教师及教育界的关注，它一般要求学生在规定的时间内按要求完成任务，然后由老师统一收集。传统

的课堂上，布置家庭作业的流程是这样的：教师在课堂上布置任务及完成标准，并要求学生们第二天把作业交上来。第二天，学生们按时交作业，教师把作业收齐后开始上课讲接下来的内容，下课后，教师利用没课的时间浏览学生们的作业，一般情况下，教师接下来做的无外乎以下3件事：

1. 在正确的答案处打钩（√），在错误的答案处打叉（×）。

2. 在正确的答案处打钩（√），在错误的答案处打叉（×），然后根据学生的答题情况给出具体的反馈。

3. 简单看一下学生是否完成作业，并判断他们是否努力完成作业。

根据不同的情况，教师们可能在十分钟之内判完作业，也可能十天之后才能把作业返给学生。实际上，我看到很多时候教师在某个阶段的内容结束后才把之前的作业返给学生。虽然这种情况看似有些极端，但是多数情况下，教师和学生都不会很快知道学生的家庭作业写得如何，进而无法确定学生们是否掌握了知识。

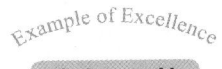

良好示范

由学生评判作业、解决问题

莎雯·仙农是圣地亚哥的一名三年级教师，她任教的学校生源多样，多数来自低收入家庭。目前，仙农老师正在帮助学生实现一个目标，就是会使用简单乘法解答应用题。仙农老师的业务能力很强，而且很喜欢把新技术运用到教学中。但她的学生因为家庭条件有限，无法提供技术上的支持，比如电脑和网络，而且她所在的学校也没有财力为学生们提供多媒体教学器材。尽管仙农老师知道这一点，但她并未向这种不利的状况妥协。她依旧把每一课的内容上传到网上，希望能上网的家庭可以看到她上传的内容，她并没有指望所有学生能够用到这个额外的资源。

每周二的数学课结束前，仙农老师给每个学生发一页作业纸，学生们要在放学后完成作业纸上的试题。第二天（周三），仙农老师并不急于讲新课，而是先用投影仪把昨天作业的答案投射在屏幕上，学生们很熟悉这个流程。当他们看到正确答案后，立即起身去教室前面的文具区去拿老师为他们准备的绿色马克笔，然后返回到自己的座位处，学生们浏览正确答案，然后用马克笔自我评定作业的正误，并把做错的题改正。学生们按部就班，仙农老师充分利用这段时间，拿着一个笔记本，一边在教室里关注学生们自我评定的情况，一边在笔记本上记录哪个学生掌握得好，哪个学生的作业完成得比较吃力。

一段时间之后，大家看到的答案被老师拿掉了，取而代之的是一份与原来答题页相似的新答题页。然后仙农老师把学生们分为两人一组，每组学生合作完成新答题页上的试题。仙农老师并不是任意将两个学生分为一组，而是把昨天完成作业较好的学生和答题吃力的学生分为一组，这样的分组有利于学生间的合作及指导，这个活动大概需要15分钟，新课前的活动计划也可以很灵活。如果大多数学生的作业完成得很好，那么可以进入新课的讲解阶段，然后在课后教师再辅导个别完成得不好的学生。当教师本节课的课堂讲解结束后（大约10分钟），重复以上过程，直到仙农老师确信学生们已经掌握了作业内容，她知道到了讲解下一课的时候了。

怎样让作业变得可爱

以上示范的是一个典型的以学生为中心的事例，原因如下：首先也是最重要的一点，仙农老师布置家庭作业的目的很明确，家庭作业不仅是一项课业练习活动，还让学生和教师都清晰地看到了学生们完成学习任务的进步；除此之外，教师对学生们的家庭作业做出了及时的反馈，他们的表现因为成年人的行为而得到及时改进，这对学习大有好处。在以教师为中心的课堂环境里，教师通常把学生们的家庭作业收上来，然后再在未来的某一天返回给学生，返回的日期也许是收上作业后的第一天，也许是收上作业后的第二天，也许需要更长的时间，这就存在一个潜在的问题——完成家庭作业较吃力的学生们无法及时知道自己完成得怎么样，他们可能好几天得不到老师的反馈，也无法及时得到老师的指导。

以学生为中心留作业该注意什么

前面已经讨论过，关于家庭作业这个话题可谓仁者见仁、智者见智，教育学者对家庭作业在21世纪教育中所起到的作用也是众说纷纭。无论这个话题是否最终有个公认的说法，教师想要布置的家庭作业以学生为中心，以下4个原则不可或缺：

▶ 走出成绩定胜负的误区。

▶ 明确家庭作业的目的是配合教学。

▶ 筛选最符合教学目标的作业。

▶ 第一时间给出作业反馈。

▶ 走出成绩定胜负的误区

以学生为中心的课堂中，家庭作业的目的是辅助学生掌握课本内容和相关技能。而在传统的教育中，教师往往把家庭作业的关注点放在提高学习成绩上。美国的许多学校，家庭作业占一个学生全部成绩的百分比仍旧是一个受到热烈讨论的话题，而这个话题的话外音是某个地区、某个学校、某个教师认为成绩代表什么。在一个以学生为中心的课堂中，学生的成绩代表学生们掌握的程度，及在此基础上能做哪些事情。因此在以学生为中心的教学环境中，教师布置家庭作业时应把注意力放在提高知识的掌握及技能的应用上，而不是放在评定家庭作业的分数上。教师们必须重新认识哪些事情重要，哪些事情有意义，这样才能更客观地评分，而那些帮助学生们不断向目标前进的事情就是最重要的、最有意义的。

▶ 明确家庭作业的目的是配合教学

以学生为中心的优秀教师在给学生们布置家庭作业之前，会问自己这样一个问题：这样的家庭作业能帮助学生们更好地实现预先制定的学习目标吗？如果答案是肯定的，那么这个家庭作业就是以学生为中心的，如果答案是否定的，那么就不应该再布置这个家庭作业了。

那么，目的明确的家庭作业对教师来说意味着什么呢？大多数情况下，不加区分的统一式家庭作业不是以学生为中心的。如果某个学生已经熟练掌握了某一话题，那么在这方面布置太多的家庭作业就无法表明明确的目的，也不利于这名学生的成长。为了达到自我检查的目的，在布置家庭作业时，教师应该事先考虑以下3个问题：

1. 这些内容能帮助学生们掌握本单元的基础知识吗？

2. 扩展他们当前的技能和知识可以丰富学生们的学习吗？

3. 这些内容能否给我提供学生进步的信息，使我更好地帮助学生向目标前进？

如果以上3个问题均得到否定答案，那么你将要布置的家庭作业的目的就不明确，不应该给学生布置。

▶ 筛选最符合教学目标的作业

家庭作业一定要与预期的教学结果直接相关，如果打算布置的作业中的全部问题或部分问题与某个单元中学生应该掌握的内容或能够达到的水平没有联系，那么教师应该重新考虑这项任务的安排。有些人往往有这样的想法：尽管有些内容对学生来说并不算他们要掌握的基础知识，但这并不意味着这些知识不重要。如果你现在就是这么想的，你是正确的，但也会有人告诉你一个学年的时间非常有限，教师不可能在有限的时间内让学生们掌握所有的内容，所以在教师布置家庭作业时，内容安排极其重要，这些内容一定是有针对性的、目的明确的重要内容。如果你布置的家庭作业不是按照预期的教学目标，那么它也不属于基础知识范畴，除非所有内容对于所有学生来说都属于基础知识，否则我们不可以主观认为教给学生的所有内容都很重要。

▶第一时间给出作业反馈

如果能给这部分贴一个标签"24小时之内给出反馈"或是更短的时间，那就更好了！这样读者在学习中就可以用一种更准确的方式进步。但按部就班的情况并不会很好地服务于我们所处的教育环境。比如这本书截稿的时间是4个月后，我会先提交一份草稿，然后等待责任编辑给我反馈，这个过程大概需要几周的时间。我在约定的时间内收到责任编辑的反馈信息，之后我立即处理反馈信息并按照反馈建议做出修订，最终书稿在预定的时间出版，且优质的书籍满足了教育工作者的需求。这个例子充分说明及时、有效的反馈是多么重要，其重要性在于：

◆ 快速的反馈有利于确定学生们未来的学习方向。

◆ 快速的反馈有利于确定教师的讲解内容。

◆ 快速的反馈有利于彻底地为学生提供多方面的支持。

学生们未来的学习方向

有时，你会发现你并不知道哪些内容是你所不知道的。从自身考虑一下，你可能喜欢某个领域、某个科目，或对某个兴趣爱好很感兴趣，只是并不很擅长，或不是强项。拿我来说吧，如果我要上一系列课程，这些课程的预期结果是要制造一把椅子，每节课我会学习一个具体的制作步骤，为了达到最终的结果——制造一把椅子，我绝对需要每节课后老师给我反馈。如果老师没有给我指导性的反馈，我确信不想成为第一个制造椅子的学生。我制造椅子的情形可能在别人制作鞋子的时候出现过，可能在别人解方程时出现过，可能在别人连词成句时出现过，也可能在别人做化学反应方程式配平时出现过。总之，反馈一定要有较强的提示性，这样才能保证学生知道他们在哪些方面有欠缺，以便做出必要的改正。学生们希望自己更优秀，所以告诉学生们如何改进对于学生未来的表现意义重大、影响深远。

教师的讲解内容

反馈的作用不只在于帮助学生们，它也让教师知道自己接下来该如何改进教学。我与同事曾经开过一个玩笑，我们假设一名教师在开学之初就已经把一个学期的工作计划做完了，可笑之处在于整个教学的过程中他从未根据教学中发生的变化对此计划做任何改动。虽然这只是一个假设，但这种情况在现实中屡见不鲜。以前我当老师的时候，我也经常出现这种当局者迷的情况，比如"我一定要在期中的时候才让学生做这套测试题""我不能再多用一个课时讲解分数了，也没有时间浏览剩余的资料了"。这些是很多老师说过的或是想过的，而本书的的主要目的就是要帮助教师消除这种以教师为中心的行为，让教师们摆脱传统教学模式的束缚。你要求学生做的每一项工作都应该对教学起到促进作用，这就意味着有的时候要加快速度，而有的时候要适当地慢下来。为了让家庭作业有意义且以学生为中心，教师得到的最重要的反馈就是教师布置的家庭作业是否提高了学生的能力，这个反馈之所以重要是因为它对绝大多数学生有影响。另外，在你安排家庭作业前，如果不能确定作业的内容是否是以学生为中心的，你可以先自问这样一个问题："我要布置的家庭作业会对我的教学讲解起到促进作用吗？"如果你得到的答案是否定的，那么就不必布置这些内容了，而是要重新考虑家庭作业的内容。

彻底的反馈

好的家庭作业一定不是判断正误类试题，也不是一眼能看出答案是否正确的题型，这也是好的家庭作业题一般都比较难出的原因。而且家庭作业题越难出，得到的答案越多样。所以教师对好的家庭作业的反馈也不应该是用简单的对错或分数来判定，好的家庭作业也不该让学生在做家庭作业时猜测自己应该在哪些方面做得更优秀。教师在布置作业前，可以将试题给自己的家人（非教育工作者）看一下，看看在他们的眼中这套试题如何，并完整地记录下他们的反馈。如果你的家人看到试题后提出了一些改进意见，那么一定要接受这些意见；相反，如果你的家人看过你的试题后没有给出改进类的反馈，那么试题很可能不是以答题人为中心，起到进步的作用也会较小。

翻转教学

在提到21世纪以学生为中心的教学和以学生为中心的家庭作业时，我们一定要提到一个概念，即翻转教学。这是一个特色鲜明的教学方法，它在改进课堂指导和促进学生进步等方面起着积极的作用，社会上有许多介绍翻转教学及其背后的教学方法的信息和资源，因此本书将不再做具体介绍。但有一点需要说明的是上文提及的把学习者放在首位的理念与翻转教学的概念有紧密的联系。无论是在传统的课堂还是新型课堂，学生的学习成果、提示性的反馈、教师在课堂上灵活的讲解都是教学的重要组成部分，也应该是常规化教学的组成部分。

扫码免费听
《高效能人士的七个习惯》有声书

带班级就是带状态

— Connection, Not Compliance —

　　新教师似乎都是通过管理学生纪律作为课堂管理的第一步，几乎每所学校都会为教师提供成长类的书籍、课堂讲解类的视频及帮助他们入门的例会等，这些培训类的手段会引导刚入行的教师逐步成熟，这其中不乏课堂管理方面的内容。而课堂管理的重中之重在于课堂纪律的管理，如果课堂纪律不是问题，那么课堂管理也就不在话下。在学校，无论是管理者还是任课教师，大家往往避而不谈课堂纪律，似乎这个话题已经成为一种禁忌。学校管理者不喜欢与教师们谈论课堂纪律，因为如果教师们有这方面的问题，管理者们却总是询问，长此以往，管理者就会处于孤立无援的状态。教师们也不喜欢与学校管理者谈及此话题，因为教师们觉得如果他们有相关问题，他们会给学校管理者留下无法控制课堂的印象，这可能对教师工作评估有负面的影响。

我曾经听过这样一个说法："当你学校的领导开始插手管理你班的上课纪律时，这就表示你的课堂管理非常失败。"请仔细思考，你和同事们对这个说法作何感想？这是一个不太好回答的问题，大多数教师会思索一阵。教育界有些说法，当你仔细思考这些说法并认真分析后，想法会发生变化。上面我提到的这个说法就是其中的一个，有的教师非常同意这个说法并对此深信不疑，他们往往对课堂的控制欲很强，想对班级发生的一切事情了如指掌，这个说法也引发了一系列的连锁反应，比如有的教师问："我该怎么做才能让所有学生不迟到早退呢？""我该怎么做才能保证所有学生在课堂上积极发言，而不是全年都是那一两个学生与我互动？"

对于这些问题，我有两个简单的解决办法。先说第一个问题，也就是学生迟到的这件事情，我认为可以做一个简单的数字分析，看看每天迟到人数为零的班级占所有被统计班级数的比例。这样的数据分析体现了以学生为中心的教学，即以数据为支持的行为分析。第二个问题中提到的情况确实体现了课堂管理的失败，因为从问题中描述的情况来看，发生在教室中的教师行为没有适当地引导学生。另外，良好的师生关系及稳定的教学预期可以帮助教师改善课堂管理，使课堂管理成为构建师生关系、改善学生学习的过程。

传统做法：老师一声吼，全班抖三抖

在美国大部分课堂上，绝大多数学生去学校接受教育，他们遵守学校制定的各项规章制度，大多数学生按照规则做，教师们安排学生们做很多事情，课堂管理的目标就在于此。这是非常有意义的，如果80%或是更多的学生在课堂上学习，那么剩余的学生也会被带动着学习，这样一来教师可以更好地教学，而有学习意愿的学生也可以学得更好，这是管理课堂的方法之一。

然而在这种情况下，这一切都是成人们希望实现的，教师关注的焦点没有放在建立良好的、有利于学生学习的师生关系上，实际上，温暖、友好的课堂氛围能让学生们行为端正。如果教师的课堂管理目标是让学生们安静、顺从，那么学校指定的总揽全局的目标就失去了意义。"课堂管理"这个术语描述的就是学生们被管理，而不是培养师生关系。为了让教师真正接受以学生为中心的教学理念，她不仅要考虑讲解方法，更要考虑课堂上的教学策略。

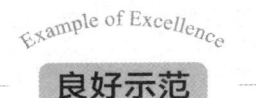

Example of Excellence

良好示范

爱让差班变模范班

蒂姆·瓦尼是迈阿密市中心一所学校的高中英语教师，瓦尼老师工作的这所学校学生情况比较复杂，学校经常发生暴力事件，学生们经常会在班级里斗殴，有时候在校园里就会大打出手，所以失学率很高，暴力问题层出不穷。每天学生们在学校的学习生活大概是8个小时，据老师们估算，每天校园里平均会发生3起打架斗殴事件，有时候一天可能完全没有暴力事件，但是有时候一天会有好几次。学生们的学习状态可想而知，他们每天都来学校，但是他们不是来上学的，他们在校园里闲逛，在走廊里游荡，漫无目的，也没有任何愿望。

看到了以上描述，您可能认为这是一个很难教的学校，管理课堂更是难上加难。然而，瓦尼老师却似乎并没有觉得管理课堂是件难事，他的同事们对他的班级管理能力佩服不已，因为他的学生们从不在班上打架，也不在校园里违反学校纪律。尽管课间有的学生在走廊里闲逛，但是他们一定会在上课铃声响起后按时回到班级。学生们之所以这样并不是因为瓦尼老师要求严格，实际上瓦尼老师从来没有对他的学生们有任何文字的纪律要求。瓦尼老师的方法其实非常简单：每一天他都竭尽所能让学生们感受到他有多么在乎他们。**每当瓦尼老师上课前，他都会站在教室门口迎接每个学生，如果有的学生情绪低沉，他会给他们鼓励，让他们振奋精神，在课堂上，瓦尼老师把学生当作自己的搭档，而不是他要在课堂上控制的人。**在瓦尼老师看来，他不仅仅是一名英语教师，更是一名责任重大的教育工作者。他精心设计每一节课，让每节课都与学生们现在的生活相关联。在与学生们合作的时候，他承担着责任，他的表现让学生们不仅看到了学术方面的能力，更让学生们看到他是如何维护课堂纪律的，学生们在耳濡目染中遵从着他的课堂管理。我们都知道，瓦尼老师在做任何决定前，首先想到学生们的利益，而不以学校制定的白纸黑字的行为规范为依据。尽管瓦尼老师的课堂管理体系并不依赖于学校的规章制度，但是他用自己独特的、有效的方式支持了学校的规章制度。

然而，瓦尼老师的教学也不是一帆风顺的，他的课堂上也出现过学生行为不端的情况。当出现这种情况时，他不会责怪学生，而是要多想想这名学生曾经良好的表现。瓦尼老师希望重新与学生建立良好的师生关系，他进一步解释说如果某个学生在课堂上表现不佳，那一定是有原因的，其中的原因可能是这名学生饿了，可能是觉得害怕，可能是与学校无关的其他原因，也可能是老师无意中冒犯了他、伤害到了他的情感。总之，无论原因如何，瓦尼老师认为这都是他的责任，他有责任了解个中原因，这样他才能改变方法，更好地因材施教，尽管瓦尼老师很有方法，但他也有需要帮助的时候，每当遇到这样的情况，他都会仔细了解该情形的前前后后，以便更好地服务学生。

尽己所能服务学生

瓦尼老师认为学生在课堂上的一切行为都是他的责任范围内的事，他不仅认为学生行为不端是自己的责任，更认为自己有责任营造一个积极的、愉悦的学习氛围，这会减少乃至杜绝不良行为。他做的每一件事都是以服务学生为目的，在"良好示范"中，瓦尼老师没有对学生的行为做任何要求，他没有要求学生们熟练背诵课文，也没有要求学生们在考试中取得优异成绩，他的意愿很单纯，也很明确——尽己所能服务学生。

怎么带班最科学

让我们一起来分析瓦尼老师如何进行课堂管理以便归纳可以在实践中使用的方法。信念的改变可以导致行为的改变，这一点非常重要，而行为上的改变也可以导致工作者信念体系的变化。

现在我们想象这样一个情境：一位医生说如果多喝水，日常的一些小病会自然消失，你不相信医生的建议，所以接下来的几周之内都忽略了医生的建议。而你在这段时间内小病不断，这时你忽然想起了医生的建议，决定给自己一次机会——采用医生的建议，在一周内，你发现收效显著。当看到这个结果后，信念从此发生改变。这样的情况同样发生在教育行业，当然也适用于其他行业。当你开始解放思想、改变行为时，积极的结果就会出现，信念的改变也就开始了。

以学生为中心的教师有自己的课堂管理方法和原则，尽管每个人的方法不尽相同，但大体上可以概括为以下几点：

▶ 摒弃你说我听的命令式管理。

▶ 塑造学生的品格。

▶ 奖惩制度分明。

▶ 正确对待学校管理条例。

▶摒弃你说我听的命令式管理

合作型课堂应该在开学第一天建立，这是改变教师观念的第一步。教师们，请记住班级中差不多80%的学生是有学习意愿的，他们希望有一个良好的学习环境，在这个环境中学习可以让他们未来成为卓有成效的、成功的人士。

现在我们来看看本节提到的一个术语——指导方针，这个词并不是课堂纪律之意。选择一个词语的解释非常重要，它不是针对孩子们，实际上它也不是针对成年人的。下面来做一个填空题：当有学生违反了规则，我们首先应该_____。通常来说，这个题所填的内容就是这件事的处理结果，规则是服从结果的，而指导方针描述的是有意的行为。除此之外，规则的意思是"不要做的事情"，而指导方针的意思是"希望要做的事情"，下面的图表10.1为大家对比了这两个术语的区别。

图表10.1　课堂规则与指导方针

课堂规则	指导方针
上课时不要吃零食	尊重课堂环境
同学回答问题时其他同学不要讲话	尊重你的同学
上课时不可以有吸引别人注意力的行为	尊重你自己
上课时不要顶嘴，不可以顶撞老师	尊重教师里的成年人

图表中的例子只是一些简单行为，指导方针中提到的行为是让学生们做一些正确的事情，而规则中提到的都是在课堂上不希望看到的事情，正如之前提到的，这些指导方针应该合作性地发展，但

我们认为教师意识到了他们是教学过程中的合作者，他们会带领学生走上创造优良的学习环境之路。请仔细阅读以上图表中的指导方针，并与你班已有的课堂纪律对比，考虑下哪些内容是有悖以上指导方针提到的4个方面。另外，教师应该使用以下两个教学策略：

◆ 在师生合作中决定班级指导方针。

◆ 用积极的课堂指导方针来代替班规，请务必记住，课堂标准是并不是越多越好，正所谓简单就是最好的。在制定课堂指导方针时，教师应该用弹性的写作方式表达内容，这一点上教师一定要慎重。

这两个微妙的变化会帮助教师建立以学生为中心的课堂，这样的变化也会立即影响到教师和学生。

▶塑造学生的品格

课堂制度和管理哲学应该把培养未来优秀市民及全面发展的人格作为关注点。教师有义务与学生们讨论这个话题，教育工作的首要任务是系统地培养有责任感、有生产力的公民，在课堂管理体系和课堂纪律制定的过程中，我们不应该忽略这一点。这样做的目的是，学生们知道为什么这样制定规章制度，而不是不明缘由地被动接受，或是觉得老师让我们这么做的，所以我们就这么做。

下面我们来列举两个情形对比说明一下，大家可以看看下面两种情境哪一种更能有效阻止课堂上不恰当行为的发生，同时也更有利于加强师生关系。

情境一：在初二科学课的课堂上，教师刚刚指导完学生并让他们独立完成课堂作业。这时坐在教室后方的吉米在与他的好朋友萨拉交谈。坐在讲桌处的任课教师告诫吉米不要说话，吉米马上不讲话了，两分钟后，吉米又开始跟萨拉说话了，任课教师抬起头看了吉米一眼，然后厉声地点了吉米的名字。这次吉米没有像刚才那样沉默，而是说："老师，"但还没等吉米说完任课教师就打断了他的话："吉米，不要再说话了，我也不想听你解释，如果你再说话，我就要给你一个课堂违纪处分了。"两分钟后，吉米又一次打开了话匣子，这一次任课教师让吉米去自己的办公室，并给吉米开出了一张违纪处罚单。

情境二：在初二科学课的课堂上，教师刚刚指导完学生并让他们独立完成课堂作业，这时坐在教室后方的吉米在与他的好朋友萨拉交谈。教师走到吉米旁边问他发生了什么事，吉米告诉老师萨拉没有理解今天教的内容，他想帮助萨拉。教师说吉米可以换种方式解决问题，比如吉米可以让萨拉向老师寻求帮助，而不应该在同学们独立完成课堂作业的时候与其他同学说话，但吉米不认为自己在帮助同学这件事情上有错，他执意要帮助同学，并提出可以去走廊里给萨拉讲解，这样做既可以帮助同学，也不会打扰其他同学。任课老师首先肯定吉米的主意不错，但又说道："你乐于助人是好事，但如果将来你长大后参加工作了，而你做的好事却违背老板的意愿，这不是弄巧成拙吗？"吉米同意地点点头，两个人的交流是友好的、诚恳的，并最终达成了一致意见，然后任课教师让萨拉来到自己的讲桌旁，给萨拉一些辅导。

通过以上两个情境的对比我们不难发现以课堂规范为中心的教学与以学生为中心的教学之间的区别，两名教师采用不同的教学方法，得到的结果也迥然相异。在情境一中，教师运用自己的课堂权利给学生开出了课堂违纪罚单，学生违反了课堂纪律，被教师警告，继而再一次违反课堂纪律。这名教师的做法不但没有给学生培养良好性格的机会，还会引发学生的负面情绪，学生也没有在教师解决问题的过程中学到解决问题的技巧。除此之外，学生有了抵触心理，这无形中损害了师生关系。

现在总结一下，把学生作为中心的教师在看待学生纪律问题时，首先了解究竟发生了什么事情，然后教师试着了解学生。而以纪律为中心、让学生服从课堂规范的教师往往像激光一样，把焦点聚集在课堂纪律上，在这样的课堂上，学生们知道他们一旦破坏课堂纪律，就会受到惩罚。

▶ 奖惩制度分明

很难想象一个学校没有奖励和责任制度来记录和处理学生们的不当行为，这会是怎样一种情形。而这个制度对于学生管理来说是基础。除此之外，许多学校都主动奖励学生们的积极行为，学校用不同的方式着手此事，包括增加一些休息时间，引入客座教师举办演讲或是为学生们组织庆典等。尽管奖励和责任制度很受欢迎，但是它的存在并不意味着这是唯一应该存在的制度，每个教室应该有一个独立的奖励和责任制度。

一些成功的制度可以为个人和集体创造奖励，在特定情况下，集体奖励是有益的。而集体惩罚会阻止教育工作者获悉学生负面行为，更不利于制订教学计划。在制定集体奖励制度时，教师万万不可放弃最有效的指导方法，更不能错过正确的指导时间，比如，让学生们合作完成课堂任务或给学生们放电影均不是理想的奖励，真正的以学生为中心的决定不应该妨碍学生们学习。集体奖励可以包括以下行为，当然绝对不局限于以下行为：

◆ 允许学生们饿的时候在课上吃早餐。

◆ 允许学生们自由选择座位或所在学习小组。

◆ 让学生们自由选择展示学习材料的方式。

个人奖励可以包括以下行为，但个人奖励也不局限于以下行为：

◆ 允许带手机。

◆ 小数额的物质奖励，这个应根据学生年龄段确定额度。

◆ 任命为班级的学生领导。

▶正确对待学校管理条例

主管教学的教导主任走进教室正巧发现教师违反了学校规定，见此情景他等了一会儿，当课堂恢复正常后，教导主任把教师叫到走廊里并告诉教师要遵守教学规定。教导主任回到办公室把她刚刚在教室外的所见所闻写成一份详尽的报告，教导主任把这份报告用电子邮件的方式发给了校长，校长收到电子邮件后立即给这名教师打电话召开紧急会议了解情况。经过与教师的沟通，校长了解了情况并且认为教师的做法是合适的，教师像往常一样回到教室，从此跟教导主任的关系陷入了僵局，直到后来教导主任偶尔参加这名教师的观摩课，她才知道自己当初的处理是武断的。

以上这个虚拟的场景有些荒谬，体现了行政管理者对教职工能力的不信任，与我共事的教师们在听到这个虚拟事例后给出了各种评论，他们有的人认为这样的管理根本没有任何效果，只会把事情复杂化；有的人认为教导主任根本没有亲自了解情况，她不应该只凭借主观想法臆断；还有的人认为这件事是过去了，但教师对教导主任的印象会差很多。当你觉得教导主任的处理方法有失公允时，那么你是否想到现在很多学校也是用这样的方法处理学生问题的。

优秀的教师不会简单地因为某个行政条文责难某个学生，大多数情况下，行政法规用来禁止学生们做某事或是终止学生们做某事，而行政手段能做到的事情教师也可以做到，比如定期与学生们座谈，与家长保持联系，以及开展性格培养训练等，优秀的教师在运用行政法规管理课堂上学生们的不端行为时，总是试图在运用行政法规时寻求合作。而且他们还会让其他人也参与解决问题，优秀的教师把行政参与看作一位能人的帮助，而只把行政法规当作制裁手段的教师在使用行政参与时总是喜欢恫吓和威胁学生们，他们可能说："等你的家长回家知道你在学校的表现后，你一定会受到惩罚的。"经过对比，我们不难看出这两者的差别，使用得当，行政法规可以发挥巨大的潜力，能成为教师的好帮手。简言之，优秀教师在解决学生问题的同时也能使学生们从中受益，而不是让学生们临时服从。

STRATEGY
方法

11

倾听学生的心声

— Seek Feedback —

对于一些教育工作者来说，接受反馈是个很可怕的提议，个中原因并不复杂。教师们觉得接受反馈并不是日常生活中常发生的事情，而且在过去相当长的一段时间内，教学已经演变成了一种私人的、个性化的行为，想想以下情景，看看有何感受：

◆ 整个学年与学生们在合作中共同度过。

◆ 每周给学生们做一次评估。

◆ 不断研究各个评估版本的内容，但因为每周的评测内容各不相同，所以只能借鉴，却不能照抄照搬。

◆ 通过评估，教师要发现每个学生在学习中的不足。

◆ 学生们在接受评估和测试时，学生的家长或学校管理人员会来到班级参观视察。

◆ 有时，学校广播会通报各班动向。

◆ 考试后的第二天早上，相关考试数据就会全部或部分出现在学校的信息布告栏中。

这些事情让很多教师觉得教师是个恐怖职业，这种恐怖也就是高中足球教练每周在经历的。

正因为足球教练们要经历这些"恐怖的"事情，所以他们要绞尽脑汁考虑如何准备每场比赛，为了知道学生们是否理解课堂上教练讲授的内容，并能够把这些内容灵活地运用在赛场上，足球教练必须做以下事情：

● 对每名运动员进行评估。

教练没有对每个运动员进行单独测试，而是测试整个球队的队员；

教练做出的评估要客观，比如以统计数据为基础，而不是跟着感觉走。

● 把自己团队的优势与对手团队作比较，尽可能做到知己知彼。

教练必须设计战术，以便队员们能够充分发挥优势，当对手进攻时能快速防御。

● 建立交流制度寻求队员们的反馈，听取他们的心声和建议。

在教育工作中，竞技无处不在，有些教育工作者认为他们受到的关注度太高了，也有人觉得他们对于学生的教育来说起到的是补充知识的作用，无论怎样，教师寻求反馈及分析现有信息的过程是可以改进教师能力的，是对学生进步有重要影响的。

传统做法：用"输赢"形容教学

在教师们看来，一年中压力最大的时间段莫过于考试周接下来的成绩发布周，非教育界人士把这段时间看作等待工作成果的两周。过去的一年中，我与上千名教育工作者交流过这个情况，然后发现事实并非如此。上文中提到的足球教练的例子在一些方面证明了这一点，然而，教与学并不能用"输"和"赢"来形容。你可以问任何一个三年级的语文老师，她在指导不太识字的学生时的感受，尽管三年级的学生们可能无法通过标准的阅读测试，但是他们是否能感觉到他们正在接受一个标准化的测试呢？他们可能因为分数过低而遭到其他人嘲笑。教学是所有职业中最人性化的一个，另外我们很难确定成功的学习是什么，而且培养出符合社会需求的公民对于教育工作者来说是一个挑战。

教学是艰辛的，教师在他们需要做的事情清单中已经写上了太多的项目，他们不断寻求反馈来改进教学方式。教师们经常问自己一个问题："再多做一件事情是否值得呢？"时间是有限的，精力也是有限的，系统地寻求反馈和分析结果真的是在有效利用在校时间更好地服务学生吗？尽管乍一看你会觉得寻求反馈这件事情看似是一个以成人为中心的决定，但仔细想来如果反馈是用来为学生提供更好的教学，那就不是这么回事了，因此答案是肯定的，寻求反馈并利用反馈结果改进教学实践是一个对教学有益的、以学生为中心的教学策略。

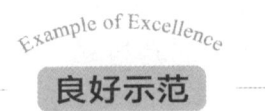

战胜被学生评判的恐惧心理

马哈尼老师是小学二年级的任课教师，他所在的学校按照传统的课程表安排教学，这就意味着他每天的大多数时间都跟同一群孩子在一起。马哈尼老师在他所在的备课组中被称为"数据专家"。长期以来，他对自己的表现和学生的表现持续地进行分析。有趣的是，马哈尼老师从来不用"数据"这个词，他只是简单说是谈论和收集信息，马哈尼老师发现当他在跟学生和家长谈及收集信息时，家长表现得并不太积极，而当他说需要学生和家长提供一些信息以帮助他更好地开展工作时，学生和家长们都会很愿意配合他。

马哈尼老师收集了三类信息：1. 从学校活动中得到的信息；2. 他在与学生接触中得到的信息；3. 教学反馈、学生行为记录及学生自我评估提供给他的信息。

信息的收集是从学生进步评估开始的，这件事每天都在发生，他总是收集数据、剖析数据，并用数据分析结果指导教学。这个数据结果适用于整个班级，也适合班级的每一名学生。马哈尼老师也写下了教学策略的跟踪记录，他希望通过记录内容来确定某个他使用的特定教学策略是否对班级学生更适用，经过若干年的努力工作，他发现不同班级的学习方式有所不同，所以他根据实际情况不断做出必要的调整。

接下来，他让能想到的每一个人给出反馈，不限方式。他在讲授某个科目时可以讲解同样的内容，但设置的问题完全不同，每周的周五或每章、每单元即将结束的时候，马哈尼老师会问学生们："你在什么情况下觉得学习最有趣？""你什么时候觉得已经掌握了所学的内容？"他问学生家长们的问题是这样的："这一周您孩子的学习状况与上一周相比有何变化？他们是更愿意学习了还是对学习的兴趣变小了？""您的孩子在学习时对哪部分内容更有兴趣、更愿意与你们分享呢？"马哈尼老师承认他问的这些问题并非超凡脱俗的，也不高雅，但马哈尼老师收集到的信息却是无价的。马哈尼老师发现无论他问什么，人们都会提供相关信息，马哈尼老师说："定期问一些问题可以打开师生交流的大门，在沟通过程中，我往往会有意想不到的收获，有些非常有用的信息就是我在沟通过程中获得的。"

尽管马哈尼老师用这些方法收集到的信息对他的教学生涯非常有益，但他发现在观看自己的授课视频并进行自我评估时也学到了很多，最开始他觉得这样做很不舒服，但他强迫自己习惯这个过程。慢慢地，他意识到学校管理者和家长坐在班里上他的观摩课已经不可怕了，最后他总结道，让教师觉得这个职业恐怖的不是别人，而是教师本人。

以学生为中心的杀手锏

所有的教师工作都非常努力，所有的教师都希望自己在岗位上有成就、更好地服务学生们，很少有教师花时间确定他们的辛勤劳动对希望达到的目标有何影响。因为这样做也是有一定风险的，尽量从各种各样不同的资源中收集信息来确定你所做的事情是否成功，这样做比普通的状态只多了一步，却非凡，它体现了以学生为中心的教学。

如何以学生为中心收集反馈

在教育界，无论用什么方式寻求反馈对教学都会起到促进作用，实际上，教师接受自己教学表现方面的反馈不仅向外界展示了自己积极的教学态度，更表明了自己以学生为中心开展教学的决心。在接下来的内容中，书中将提供一些例子，向大家介绍如何运用本章中的策略，也许对于有些教师来说，这些内容以前并未接触过，那么首先我们从三种类型的数据开始：

▶根据学生反响调整讲课方案。

▶更优的数据收集方案。

▶你听过自己的课吗？

▶根据学生反响调整讲课方案

我们从传统的教学行为中可以得到很多信息，可以说教师在每节课上都可以获取大量的有效信息（数据），教师们通过分析这些信息来调整今后的教学行为，通读本书你会发现，本书多个章节提到了何时收集数据、何时分析数据，本章不再对这一话题做复杂说明。需要指出的是，教师在进行数据分析时，要从多个角度着手，首先要仔细阅览资料来评估学生的课堂进步情况，其次是深入了解教师的指导是否成功、到位。

对教师指导的成功程度做出评价

课堂数据的收集及使用似乎一直是用来衡量教师对学生的指导是否成功的有力工具，而事实也是如此，通过这些数据，教师可以知道学生们学会了哪些内容、还有哪些内容学生们没掌握，这样的诊断性评估帮助教师们明确工作方向，这对教师来说非常重要。因为这也衡量出了自己在教学中的状态——成功在哪方面，失败在哪里。对教师来说这是不难完成的任务，只要你不是教低年级的教师。

如果一位高中数学教师在讲课时喜欢在讲解时结合图形、PPT等，她尽己之力来确定个人喜欢的这些讲解方式是否可行，是否被学生们接受，于是她用这种方式教了一部分内容。而在接下来的内容中她换了一种讲解方式，这次她更注重课堂控制，目的是收集一些数据，以便更好地规划教学任务，从这种教学方式得到的数据对她后面的教学有着深远的影响，同时也让她能够更好地评估她上部分的教学方式对学生们来说是否真正可行。

这样的讲解方式也适用于低年级的学生，比如小学一二年级的学生们，这是一个纵向衡量的过程，在最初的教学指导过程后教师要跟踪记录学生对教学内容的熟悉程度，在一段时间的有效数据记录后，教师会有不同寻常的发现。根据图表11.1，我们不难看出在斯达克老师的三年级语文课上，博客对于学生们的影响最大，而学生们从课堂讨论和讲课中受益最小，有了这样的数据后，斯达克老师就有了明确的授课方式，他会把注意力更多地放在学生们喜欢的教学方式上，而不是用他自己喜欢的授课方式来安排教学计划或进行课堂指导。

▶ 更优的数据收集方案

毫不夸张地说，在任何学校我们都可以收集到大量的有用信息。如果一名教师有这样的想法：如何进行更好的教学？那么这名教师就有了无数的选择，令人遗憾的是，只有非常优秀的教育工作者会好好利用这些选择。如果真心诚意地想在以学生为中心的课堂上寻求反馈，那么你应该借助以下三组人的力量：1. 你的同事；2. 你的学生；3. 学生的家长。可以说他们都非常了解你的长处，他们也非常了解你的潜力在哪里，下面我们将为你介绍如何获得信息，方法很简单，也很实用，希望对你有所帮助。

你的同事

◆ **同事眼中的你以及他们的评估**：这个方法可能让你有一种被入侵的感觉，但是这却是获得信息的最有效的方法。绝大多数的学校管理者都很喜欢这个 概念，如果预算允许，他们会觉得应该拿出一定的时间来专门做这个评估。

图表11.1 斯达克老师在小学三年级语文课上收集到的数据

日期	9月21日	9月22日	9月23日	9月24日	9月27日	9月28日	9月29日	9月30日
使用到的教学策略	博客	讲课	反向教学视频	博客	翻转教学视频	讲课	博客	讲课
在预评估阶段学生对内容的熟悉比例	21	27	30	33	19	35	17	25
经过教师指导后学生对内容的熟悉比例	77	59	62	81	74	58	89	64
增长幅度	56	32	32	48	55	23	72	39

◆ **匿名小调查**："你听到了什么"。这个活动适于在一个备课组的范围内开展，也适合以整个学校为单位开展，如果大家讨论的话题平和、让同事们感觉很舒服，那么这个活动可以不采用匿名的方式，然而，如果大家讨论的话题可能会让有的同事感觉不太舒服，这个活动可以在调查网站上进行并采用匿名的形式，这样就避免了面对面分享感受时的尴尬。

◆ **年级/行为对比表**：这个活动反射出的一般是与学生相关的评价活动，用以确定他们在某项特定的教育服务中是否合格，通过开展评估活动，教师们聚在一起并提供数据，一起讨论确定如何更好地传授知识、服务学生，这是一个多么经典的方法啊！教师在发现学生存在某种行为问题前先不要焦虑。在具体操作时，一位教师可以先获取资料并观察在其他情况下该名学生是否依然存在行为问题，或者观察这名学生用的是什么方法导致的行为问题，在活动中，由一位教师充当提问者的角色，他可以让每位老师填写一个自己制作的工作表来确定这名学生的特点——他擅长什么，不擅长什么。

你的学生

◆ **单元结束后的调查**：关于这一点我们要给大家提供两个小贴士。1.在制作调查问卷前，先问问学生他们想让老师问什么内容，这样在发调查问卷后学生们才会更配合；2.在教师之间，匿名的调查往往会得到更真实的反馈结果，在对学生进行调查时也是如此，所以在对学生做单元结束后的调查时，我建议教师们也采用匿名的方式，这样学生们会更愿意与教师分享信息。

◆ **建议箱**：这个方法简单易行，但却给学生们提供了一个非常不错的平台，他们可以自由地对他们喜欢的事情和讨厌的事情发表自己的看法，如果条件允许，教师可以给学生们提供一个电子建议箱，这样学生们可以随时匿名提出建议或意见，而且不会因为他们的笔迹而暴露自己。

◆ **激发学生们的新想法**：在课堂上，教师也可以创造一种"有声反馈"，即教师在课堂上问学生们："我应该再补充些什么才能让这节课/章/单元更有利于你们学习？"学生们在听到这样的问题后，自然需要调动创造性思维回答这个问题，在多数情况下，学生们在回答这个问题的时候需要回忆自己所学的内容，而教师也可以根据学生们提出的需求改进自己的课堂讲解。

学生的家长

◆ **邮件问题**：教师在与家长沟通时，电子邮件是一个很好的方式，这种方式也不会让学生觉得尴尬，比如教师可以给家长发一个简单的电子邮件："我发现菲利浦今天没有把上课用的材料带到班上来，我会明天再给菲利浦讲一次今天的内容，请您今天晚上一定叮嘱孩子带上相关材料。另外，关于最近的学习，孩子给您分享了哪些情况呢？欢迎您及时与我沟通。"这封电子邮件非常简短，却展示出了你对每个学生的关心和关注，邮件的结尾部分教师问了一个开放问题，希望向家长获取教学反馈，这个邮件体现了多层次交流。

◆ **家长友好型调查**：教师经常忘记一个事实：家长并不是教育工作者。当教师向家长寻求反馈的时候，问家长的问题应该有较强的针对性，即你应该向家长询问有关孩子的事情，而不是问教学的相关内容。

◆ **优秀的例子**：本单元学习结束后，玛丽有没有比往常更感兴趣的内容或是她更喜欢讨论的内容？

◆ **糟糕的例子**：课堂提问和讨论环节后我得到的教学数据显示您孩子答对问题的比例为4∶13，这个比例不高，另外，您孩子在用"首当其冲"这个词造句时出现了一定的困难，请确认以上内容。

◆ **开放性社会媒体问卷**：教师们都真心希望学生们的家长能参与到反馈中来，教师们可以借助海报或微博等方式与家长们展开互动，比如可以这样写："我们今天在课上学了一些新知识，有没有哪个学生回家后提到喜欢这些内容的？"这样简单的一句话不仅起到了告知家长所学内容的作用，还可以让家长们有针对性地参与到孩子的教育中。一般来说，当家长问孩子："今天在学校过得怎么样？"学生们通常答道："还不错啊！"而如果家长问孩子："孩子，我听说特派尔老师说今儿你们学了一些新知识，都学了什么啊？"那么孩子的回答就不会是"还不错啊！"这样简单的话了，孩子会详细地讲出上课内容。

▶ **你听过自己的课吗**

视频、视频、视频，观看自己的教学视频来了解自己的教学，世上没有比这个更直接的方式了。现实生活中，我们对自己的理解往往有偏差，而观看自己的视频就可以纠正这一点。比如，有多少人在看到自己左右拉伸后的照片后就开始要减肥的呢？实际上，你如果再照照镜子，就会发现问题所在，教学亦是如此，如果你能从教学视频中找到你所需要的反馈，那么你会让学生们受益颇深。那么对于教学，请记住以下答案：

1. 录制自己的教学视频。

2. 与一名同事共同观看视频并提交评估报告。

为了孩子们，勇往直前

我们在策划这本书时，头脑中迸发出一个念头：几乎所有的教师步入教育行业是因为他们都还有一颗为学生服务的心，但当他们迈入这个行业且逐步前行后，他们在课堂上的表现似乎渐渐偏离了最初的梦想和信念。然而他们还在做出各种决定——这些决定中有的是为了教学便利，有的是为了满足成年人的要求。所以我们写这本书，希望教师们在看到这本书后能意识到这个情况，并做出正确的决定，做出有利于服务学生的决定。

这本书旨在帮助教师们理解以学生为中心的教学是什么以及如何在课堂上开展以学生为中心的课堂讲解，**我们希望普通教师能在读了这本书后成长为优秀的教师，优秀的教师能在读了这本书后成长为教育界的精英**。我们在书中为大家提供了一些以学生为中心的先进教学理念及良好示范，而这些理念和案例都是来自教学第一线、优秀的教师，我们能把这些优秀的案例提供给大家并让大家受益，我们的目标也就实现了，本书中出现的优秀教师把他们以学生为中心的创意教学方法毫无保留地分享给大家，让周围的同事们从中受益，让广大教师从中受益。

在本书的最后，我要强调一点：你在制订教学计划、设计教学指导、分析教学反馈、思考课堂管理以及处理与教学有关的事情时，请务必以学生为中心，这是当代教师一定要做到的一点，这样你才能成为一名成功的教师，你的这些努力会对孩子们未来的影响深远。

实操训练表

开学第一天的调查论证

1. 你最喜欢的老师你怎么做到让你喜欢她/他的？

_____

_____

2. 你觉得你最不喜欢的老师的哪些作为引起了你的反感？

_____

_____

3. 当你的老师讲了某些内容后，你很快就学会了，她/他是怎样做到的呢？

_____

_____

4. 当你的老师很努力地给你讲了某些内容后，你还是没有弄明白，你觉得原因是什么？

_____

_____

5. 在分组活动中，你最喜欢哪个环节？你最喜欢和什么样的组员合作？

_____

_____

6. 在分组活动中，你最不喜欢哪个环节？你最不喜欢和什么样的组员合作？

_____

_____

7. 如果让你在电脑上学习，效果如何？如果你觉得用电脑学习效果更好，请说明原因。如果你觉得在电脑上学习是个挑战，原因又是什么呢？

_____

_____

8. 请用一个词来形容一下你的学校。

_____

_____

9. 我想成为你们心中的好老师，那么在你看来我应该怎样做呢？

_____

_____

10. 当你在学某个知识遇到挫折时，你希望你的老师用什么样的方式和你沟通呢？让你自己单独待一会儿，在走廊里与你聊聊，在班上单独给你指导，还是让你的父母知道情况以得到他们的帮助？

_____

_____

教学内容表格

教学结果： 这节课之后学生们学会了什么？	
这真正意味着什么？	
为什么这些知识是本单元的重点？	
教师应该怎样向我们提问才表示我们理解了本单元的知识？	

任务选择九宫格

5分钟计划

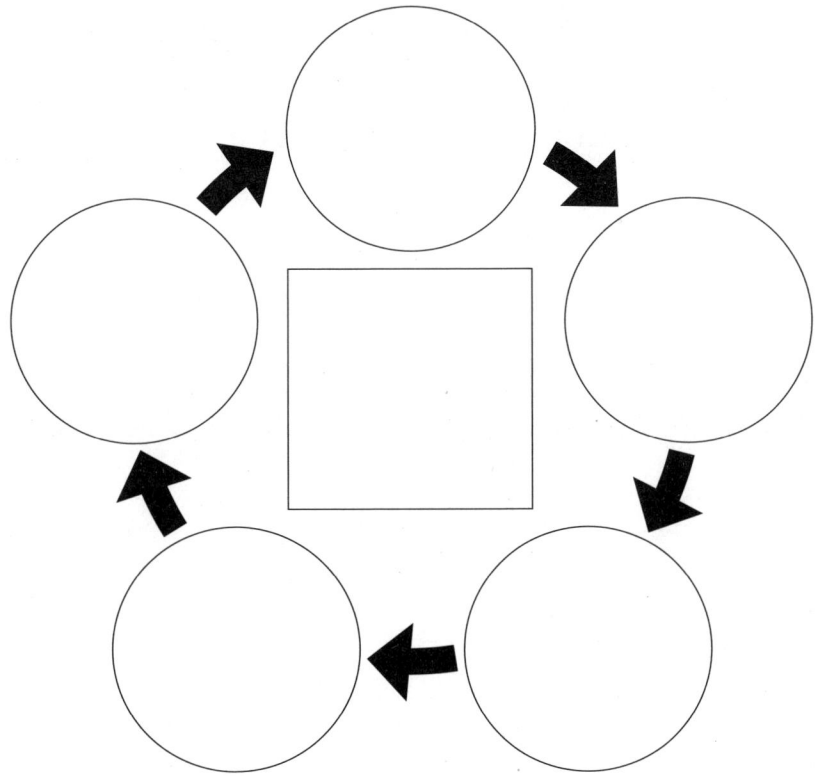

课堂规则与指导方针

课堂规则	指导方针

以教师或学生为中心的教学模式对比

以教师为中心	以学生为中心
由教师向学生传输知识	学生通过收集和整合信息习得知识，并将这种方法用于钻研、交流、批判思维和解决问题等。
学生被动学习知识	学生主动参与
不强调在具体情境中运用知识	强调在真实生活场景中有效运用所学知识解决实际问题
教师的职责是信息的传播者和评判者	教师的职责是引导和激励，与学生共同评价学习效果
教学与评估体系分开	教学语评估体系是一体的
测试是为了监督学习	测试是为了促进学习，诊断问题出现在哪
强调得出正确的答案	强调提出更好的问题以及在错误中学习
通过打分测验间接评估是否达到学习目标	通过论文、学习项目、学习表现等直接评估是否达到学习目标
只关注某一学科	教学方法适合跨学科学习
学习氛围以竞争和个人发展为主	学习氛围是互助合作
只要学生被当做学习者	教师和学生一起学习

不同中心指导方法快速一览表

理念	教师中心	学生中心
教学目标	● 涵盖该学科	● 学生学会 ● 如何运用知识 ● 如何运用所学知识解决复杂问题 ● 核心学习目标是口头表达以及读写能力等。
课程安排	● 教学答案的课程	● 根据整合、练习和提炼复杂的想法和学习技巧的目的，系统的安排综合型课程
课程结构	● 教师决定所有话题	● 学生掌握学习目标
学习方式	● 听 ● 阅读 ● 独立学习，为取得高分拼命	● 学生把新知识融入已经掌握的知识中 ● 学习被视为一种认知和社交行为
授课内容	● 主要是要教的知识	● 主要是学生的参与
学习方式	● 老师的讲座 ● 总结性的作业和考试	● 主动参与学习 ● 形成性目的的考试 ● 合作学习 ● 网上、自己设计学习进度 ● 基于解决问题的学习
课程分数	● 老师全权决定分数 ● 分数正态分布	● 分数反应的是学习目标的掌握情况
教师角色	● 讲台上的圣人	● 学习环境的设计师
有效授课	● 完整呈现和传递知识 ● 只有会学习或喜欢学习的学生学会	● 让学生全程参与学习 ● 帮助学生掌握学习目标 ● 利用课堂评价促进教学 ● 利用教学设计评价促进教学活动

PJ. 开普希，美国教育专家，多年来专注于教育改革和建设以学生为中心的学校，年仅28岁就出任奥利根高中的校长。他秉承的教育理念是注重学生人格发展的"全人教育"，他的名言是："我们要培养孩子'失败'的能力，即他们会把失败变成进步的机会。"开普希善于帮助教师转换教学思路，培养学生思维意志和操作能力的完整发育，希望在学生无拘无束的学习与教师的指导之间找到完美的平衡。在这种信念的带领下，学校蒸蒸日上，被《美国新闻及世界报道》评为国家优秀高中。他本人被ASCD授予"优秀教育工作者"，现为奥罗拉大学教育系客座教授。

☆ ☆ ☆

托德·威特克尔，美国教育界的领军人物，是教师激励机制、教师领导力及校长管理领域的专家，他的教育理念是美国教育界的中流砥柱，更获得了全世界教育者的广泛认可。他撰写了众多教育畅销书，如《改善学生课堂表现的50个方法》、《从优秀教师到卓越教师》以及《优秀教师一定要知道的17件事》等数年蝉联《中国教育报》"影响教师的100本图书"奖。

如何阅读

一个已被证实的低投入高回报的学习方法

作　者：美国普林斯顿语言研究中心
（美）艾比·马克斯·比尔
ISBN：978-7-5153-4684-7
出版时间：2017年5月
定　价：39.00元

★　美国公认经典阅读书
★　风靡全球的"个人 MBA"计划（The Personal MBA）推荐的第一本书
★　掌握普林斯顿阅读法，高效学习并轻松记住所读重要信息

在简单易学的练习与训练中，获得革命性阅读技巧！

在碎片化阅读时代，阅读的时间越来越少。本书介绍的普林斯顿阅读法，能帮助你提升阅读速度，20分钟提高阅读速度300%，从而实现在更短的时间阅读更多书籍、杂志、文章，同时它能帮助你提升阅读能力，理解并记住核心重要信息。这套由美国普林斯顿语言研究中心发明的阅读法，已经介绍给所有常春藤联盟校的学生使用，曾经在飞机上帮助一个人5分钟提高阅读速度34%。

本书全方面展示高效阅读的十个重要方法，每一章都配以相应的练习和训练小提示。通过阅读本书，你将学会：

- 如何改掉影响阅读速度的坏习惯；
- 如何提高专注力；
- 如何快速提升眼睛获取信息的技能；
- 怎样读懂专业文章；
- 如何带着目的和问题去阅读，吸收消化；
- 如何批判式阅读、如何略读、扫读、跳读；
- 如何利用碎片时间清理堆积的待读材料；
- 如何做到几个月后仍可轻松回忆阅读过的大部分内容；
- 如何在快速阅读后，深度理解，以更清晰的方式思考。

……

"常青藤"书系—中青文教师用书总目录

书名	书号	定价
特别推荐——从优秀到卓越系列		
从优秀教师到卓越教师：极具影响力的日常教学策略（入选浙江省教师节用书）	9787515312378	33.80
从优秀教学到卓越教学：让学生专注学习的最实用教学指南	9787515324227	39.90
从优秀学校到卓越学校：他们的校长在哪些方面做得更好	9787515325637	33.80
卓越课堂管理（中国教育新闻网2015年度"影响教师的100本书"）	9787515331362	88.00
名师新经典/教育名著		
马文·柯林斯的教育之道：通往卓越教育的路径（《中国教育报》2019年度"教师喜爱的100本书"，中国教育新闻网"影响教师的100本书"。朱永新作序，李希贵力荐）	9787515355122	49.80
如何当好一名学校中层：快速提升中层能力、成就优秀学校的31个高效策略	9787515346519	29.00
像冠军一样教学：引领学生走向卓越的62个教学诀窍	9787515343488	49.00
像冠军一样教学2：引领教师掌握62个教学诀窍的实操手册与教学资源	9787515352022	68.00
如何成为高效能教师（美国最畅销教师用书，销量超过350万册，教师培训第一书）	9787515301747	89.00
给教师的101条建议（第三版）（《中国教育报》"最佳图书"奖）	9787515342665	33.00
改善学生课堂表现的50个方法（入选《中国教育报》"影响教师的100本书"）	9787500693536	33.00
改善学生课堂表现的50个方法操作指南：小技巧获得大改变	9787515334783	29.00
优秀教师一定要知道的17件事（美国当前最有影响教育畅销书作者全新力作）	9787515342726	23.00
美国中小学世界历史读本/世界地理读本/艺术史读本	9787515317397等	106.00
美国语文读本1-6	9787515314624等	252.70
和优秀教师一起读苏霍姆林斯基	9787500698401	27.00
快速破解60个日常教学难题	9787515339320	39.90
美国最好的中学是怎样的——让孩子成为学习高手的乐园	9787515344713	28.00
建立以学习共同体为导向的师生关系：让教育的复杂问题变得简单	9787515353449	33.80
教师成长/专业素养		
卓越教师工具包：帮你顺利度过从教的前5年	9787515361345	49.00
可见的学习与深度学习：最大化学生的技能、意志力和兴奋感	9787515361116	45.00
学生教给我的17件重要的事：带给你爱、勇气、坚持与创意的人生课堂	9787515361208	39.80
教师如何持续学习与精进	9787515361109	39.00
从实习教师到优秀教师	9787515358673	39.90
像领袖一样教学：改变学生命运，使学生变得更好（中国教育新闻网2015年度"影响教师的100本书"）	9787515355375	49.00
你的第一年：新教师如何生存和发展	9787515351599	33.80
教师精力管理：让教师高效教学，学生自主学习	9787515349169	28.00
如何使学生成为优秀的思考者和学习者：哈佛大学教育学院课堂思考解决方案	9787515348155	39.80
反思性教学：一个已被证明能让所有教师做到最好的培训项目（30周年纪念版）	9787515347837	49.00
凭什么让学生服你：极具影响力的日常教育策略（中国教育新闻网2017年度"影响教师的100本书"）	9787515347554	28.00
运用积极心理学提高学生成绩（中国教育新闻网2017年度"影响教师的100本书"）	9787515345680	39.80

书名	书号	定价
可见的学习与思维教学：成长型思维教学的54个教学资源：教学资源版	9787515354743	36.00
★ 可见的学习与思维教学：让教学对学生可见，让学习对教师可见（中国教育报2017年度"教师最喜爱的100本书"）	9787515345000	29.80
教学是一段旅程：成长为卓越教师你一定要知道的事	9787515344478	39.00
安奈特·布鲁肖写给教师的101首诗	9787515340982	35.00
万人迷老师养成宝典学习指南	9787515340784	28.00
中小学教师职业道德培训手册：师德的定义、养成与评估	9787515340777	32.00
成为顶尖教师的10项修炼（中国教育新闻网2015年度"影响教师的100本书"）	9787515334066	35.00
★ T. E. T. 教师效能训练：一个已被证明能让所有年龄学生做到最好的培训项目（30周年纪念版）（中国教育新闻网2015年度"影响教师的100本书"）	9787515332284	49.00
教学需要打破常规：全世界最受欢迎的创意教学法（中国教育新闻网2015年度"影响教师的100本书"）	9787515331591	33.00
10天卓越教师自我培训（教育家安奈特·布鲁肖顶尖卓越教师培训教材）	9787515329925	29.00
给幼儿教师的100个创意：幼儿园班级设计与管理 / 为幼升小做准备	9787515330310等	58.00
给小学教师的100个创意：发展思维能力	9787515327402	29.00
给中学教师的100个创意：如何激发学生的天赋和特长 / 杰出的教学 / 快速改善学生课堂表现	9787515330723等	87.90
以学生为中心的翻转教学11法	9787515328386	29.00
如何使教师保持职业激情	9787515305868	29.00
★ 如何培训高效能教师：来自全美权威教师培训项目的建议	9787515324685	32.00
良好教学效果的12试金石：每天都需要专注的事情清单	9787515326283	29.90
★ 让每个学生主动参与学习的37个技巧	9787515320526	28.00
给教师的40堂培训课：教师学习与发展的最佳实操手册	9787515352787	39.90
提高学生学习效率的9种教学方法	9787515310954	27.80
★ 优秀教师的课堂艺术：唤醒快乐积极的教学技能手册	9787515342719	26.00
★ 万人迷老师养成宝典（第2版）（入选《中国教育报》"2010年影响教师的100本书"）	9787515342702	29.00
高效能教师的9个习惯	9787500699316	26.00
课堂教学/课堂管理		
跨学科项目式教学：通过"+1"教学法进行计划、管理和评估	9787515361086	49.00
课堂上最重要的56件事	9787515360775	35.00
★ 全脑教学与游戏教学法	9787515360690	39.00
★ 深度教学：运用苏格拉底式提问法有效开展备课设计和课堂教学	9787515360591	49.90
★ 一看就会的课堂设计：三个步骤快速构建完整的课堂管理体系	9787515360584	39.90
如何有效激发学生学习兴趣	9787515360577	38.00
如何解决课堂上最关键的9个问题	9787515360195	49.00
多元智能教学法：挖掘每一个学生的最大潜能	9787515359885	39.90
★ 探究式教学：让学生学会思考的四个步骤	9787515359496	39.00
课堂提问的技术与艺术	9787515358925	49.00
如何在课堂上实现卓越的教与学	9787515358321	49.00

书名	书号	定价
基于学习风格的差异化教学	9787515358437	39.90
如何在课堂上提问：好问题胜过好答案	9787515358253	39.00
高度参与的课堂：提高学生专注力的沉浸式教学	9787515357522	39.90
让学习变得有趣	9787515357782	39.00
如何利用学校网络进行项目式学习和个性化学习	9787515357591	39.90
基于问题导向的互动式、启发式与探究式课堂教学法	9787515356792	49.00
如何在课堂中使用讨论：引导学生讨论式学习的60种课堂活动	9787515357027	38.00
如何在课堂中使用差异化教学	9787515357010	39.90
如何在课堂中培养成长型思维	9787515356754	39.90
每一位教师都是领导者：重新定义教学领导力	9787515356518	39.90
教室里的1-2-3魔法教学：美国广泛使用的从学前到八年级的有效课堂纪律管理	9787515355986	39.90
如何在课堂中使用布卢姆教育目标分类法	9787515355658	39.00
如何在课堂上使用学习评估	9787515355597	39.00
7天建立行之有效的课堂管理系统：以学生为中心的分层式正面管教	9787515355269	29.00
积极课堂：如何更好地解决课堂纪律与学生的冲突	9787515354590	38.00
设计智慧课堂：培养学生一生受用的学习习惯与思维方式	9787515352770	39.00
追求学习结果的88个经典教学设计：轻松打造学生积极参与的互动课堂	9787515353524	39.00
从备课开始的100个课堂活动设计：创造积极课堂环境和学习乐趣的教师工具包	9787515353432	33.80
老师怎么教，学生才能记得住	9787515353067	48.00
多维互动式课堂管理：50个行之有效的方法助你事半功倍	9787515353395	39.80
智能课堂设计清单：帮助教师建立一套规范程序和做事方法	9787515352985	49.90
提升学生小组合作学习的56个策略：让学生变得专注、自信、会学习	9787515352954	29.90
快速处理学生行为问题的52个方法：让学生变得自律、专注、爱学习	9787515352428	39.00
王牌教学法：罗恩·克拉克学校的创意课堂	9787515352145	39.80
让学生快速融入课堂的88个趣味游戏：让上课变得新颖、紧凑、有成效	9787515351889	39.00
如何调动与激励学生：唤醒每个内在学习者（李希贵校长推荐全校教师研读）	9787515350448	39.80
合作学习技能35课：培养学生的协作能力和未来竞争力	9787515340524	45.00
基于课程标准的STEM教学设计：有趣有料有效的STEM跨学科培养教学方案	9787515349879	68.00
如何设计教学细节：好课堂是设计出来的	9787515349152	39.00
15秒课堂管理法：让上课变得有料、有趣、有秩序	9787515348490	33.80
混合式教学：技术工具辅助教学实操手册	9787515347073	39.80
从备课开始的50个创意教学法	9787515346618	29.00
中学生实现成绩突破的40个引导方法	9787515345192	33.00
给小学教师的100个简单的科学实验创意	9787515342481	39.00
老师如何提问，学生才会思考	9787515341217	33.80
教师如何提高学生小组合作学习效率	9787515340340	29.00
卓越教师的200条教学策略	9787515340401	35.00
中小学生执行力训练手册：教出高效、专注、有自信的学生	9787515335384	33.80
从课堂开始的创客教育：培养每一位学生的创造能力	9787515342047	33.00

书名	书号	定价
提高学生学习专注力的8个方法：打造深度学习课堂	9787515333557	35.00
改善学生学习态度的58个建议	9787515324067	25.00
★ 全脑教学（中国教育新闻网2015年度"影响教师的100本书"）	9787515323169	38.00
★ 全脑教学与成长型思维教学：提高学生学习力的92个课堂游戏	9787515349466	39.00
★ 哈佛大学教育学院思维训练课	9787515325101	36.00
完美结束一堂课的35个好创意	9787515325163	28.00
如何更好地教学：优秀教师一定要知道的事（被英国教育界奉为圣经的教学用书）	9787515324609	36.00
带着目的教与学	9787515323978	28.00
★ 美国中小学生社会技能课程与活动（学前阶段/1-3年级/4-6年级/7-12年级）	9787515322537等	153.80
彻底走出教学误区：开启轻松智能课堂管理的45个方法	9787515322285	28.00
破解问题学生的行为密码：如何教好焦虑、逆反、孤僻、暴躁、早熟的学生	9787515322292	36.00
13个教学难题解决手册	9787515320502	28.00
★ 让学生爱上学习的165个课堂游戏	9787515319032	39.00
美国学生游戏与素质训练手册：培养孩子合作、自尊、沟通、情商的103种教育游戏	9787515325156	49.00
老师怎么说，学生才会听	9787515312057	28.00
快乐教学：如何让学生积极与你互动（入选《中国教育报》"影响教师的100本书"）	9787500696087	29.00
★ 老师怎么教，学生才会提问	9787515317410	29.00
★ 快速改善课堂纪律的75个方法	9787515313665	28.00
★ 教学可以很简单：高效能教师轻松教学7法	9787515314457	39.00
★ 好老师可以避免的20个课堂错误（入选《中国教育报》"影响教师的100本图书"）	9787500688785	39.90
★ 好老师应对课堂挑战的25个方法（《给教师的101条建议》作者新书）	9787500699378	25.00
★ 好老师激励后进生的21个课堂技巧	9787515311838	39.80
★ 开始和结束一堂课的50个好创意	9787515312071	29.80
好老师因材施教的12个方法（美国著名教师伊莉莎白"好老师"三部曲）	9787500694847	22.00
★ 如何打造高效能课堂（美国《学习》杂志"教师必选"奖，"激励教师组织"推荐书目）	9787500680666	29.00
合理有据的教师评价：课堂评估衡量学生进步	9787515330815	29.00
班主任工作/德育		
★ 北京四中8班的教育奇迹	9787515321608	36.00
★ 师德教育培训手册	9787515326627	29.80
中小学教师职业道德培训手册：师德的定义、养成与评估	9787515340777	32.00
★ 好老师征服后进生的14堂课（美国著名教师伊莉莎白"好老师"三部曲）	9787500693819	39.90
优秀班主任的50条建议：师德教育感动读本（《中国教育报》专题推荐）	9787515305752	23.00
学校管理/校长领导力		
★ 学校管理最重要的48件事	9787515361055	39.80
重新设计学习和教学空间：设计利于活动、游戏、学习、创造的学习环境	9787515360447	49.90
重新设计一所好学校：简单、合理、多样化地解构和重塑现有学习空间和学校环境	9787515356129	49.00
让樱花绽放英华	9787515355603	79.00
学校管理者平衡时间和精力的21个方法	9787515349886	29.90
校长引导中层和教师思考的50个问题	9787515349176	29.00

书名	书号	定价
如何定义、评估和改变学校文化	9787515340371	29.80
优秀校长一定要做的18件事（入选《中国教育报》"2009年影响教师的100本书"）	9787515342733	26.00
学科教学/教科研		
北京四中语文课：千古文章	9787515360973	59.00
北京四中语文课：亲近经典	9787515360980	59.00
从备课开始的56个英语创意教学：快速从小白老师到名师高手	9787515359878	49.90
美国学生写作技能训练	9787515355979	39.90
《道德经》妙解、导读与分享（诵读版）	9787515351407	49.00
京沪穗江浙名校名师联手教你：如何写好中考作文	9787515356570	49.90
京沪穗江浙名校名师联手授课：如何写好高考作文	9787515356686	49.80
人大附中中考作文取胜之道	9787515345567	39.80
人大附中高考作文取胜之道	9787515320694	33.80
人大附中学生这样学语文：走近经典名著	9787515328959	33.80
四界语文（中国教育报2017年度"教师喜爱的100本书"）	9787515348483	49.00
让小学一年级孩子爱上阅读的40个方法	9787515307589	39.90
让学生爱上数学的48个游戏	9787515326207	26.00
轻松100课教会孩子阅读英文	9787515338781	88.00
情商教育/心理咨询		
9节课，教你读懂孩子：妙解亲子教育、青春期教育、隔代教育难题	9787515351056	39.80
学生版盖洛普优势识别器（独一无二的优势测量工具）	9787515350387	169.00
与孩子好好说话（获"美国国家育儿出版物（NAPPA）金奖"，沟通圣经）	9787515350370	39.80
中小学心理教师的10项修炼	9787515309347	36.00
别和青春期的孩子较劲（增订版）（入选《中国教育报》"2009年影响教师的100本书"）	9787515343075	28.00
100条让孩子胜出的社交规则	9787515327648	28.00
守护孩子安全一定要知道的17个方法	9787515326405	32.00
幼儿园/学前教育		
用蒙台梭利教育法开启0~6岁男孩潜能	9787515361222	45.00
德国幼儿的自我表达课：不是孩子爱闹情绪，是她/他想说却不会说！	9787515359458	59.00
德国幼儿教育成功的秘密：近距离体验德国学前教育理念与幼儿园日常活动安排	9787515359465	49.00
美国儿童自然拼读启蒙课：至关重要的早期阅读训练系统	9787515351933	49.00
幼儿园30个大主题活动精选：让工作更轻松的整合技巧	9787515339627	39.80
美国幼儿教育活动大百科：3-6岁儿童学习与发展指南用书 科学/艺术/健康与语言/社会	9787515324265等	600.00
蒙台梭利早期教育法：3-6岁儿童发展指南（理论版）	9787515322544	29.80
蒙台梭利儿童教育手册：3-6岁儿童发展指南（实践版）	9787515307664	33.00
自由地学习：华德福的幼儿园教育	9787515328300	29.90
赞美你：奥巴马给女儿的信	9787515303222	36.00
史上最接地气的幼儿书单	9787515329185	39.80

书名	书号	定价
教育主张/教育视野		
终身学习：让学生在未来拥有不可替代的决胜力	9787515360560	49.90
颠覆性思维：为什么我们的阅读方式很重要	9787515360393	39.90
如何教学生阅读与思考：每位教师都需要的阅读训练手册	9787515359472	39.00
"互联网+"时代，如何做一名成长型教师	9787515340302	29.90
教出阅读力	9787515352800	39.90
为学生赋能：当学生自己掌控学习时，会发生什么	9787515352848	33.00
如何用设计思维创意教学：风靡全球的创造力培养方法	9787515352367	39.80
如何发现孩子：实践蒙台梭利解放天性的趣味游戏	9787515325750	32.00
如何学习：用更短的时间达到更佳效果和更好成绩	9787515349084	49.00
教师和家长共同培养卓越学生的10个策略	9787515331355	27.00
★ 如何阅读：一个已被证实的低投入高回报的学习方法	9787515346847	39.00
★ 芬兰教育全球第一的秘密（钻石版）(《中国教育报》等主流媒体专题推荐，台湾地区教育类畅销书榜第一名)	9787515359922	59.00
世界最好的教育给父母和教师的45堂必修课（《芬兰教育全球第一的秘密》2）	9787515342696	28.00
★ 杰出青少年的7个习惯（精英版）（中小学图书馆推荐书目、中国青少年必读书目）	9787515342672	39.00
杰出青少年的7个习惯（成长版）	9787515335155	29.00
★ 杰出青少年的6个决定（领袖版）（中小学图书馆推荐书目、中国青少年必读书目、全国优秀出版物奖）	9787515342658	28.00
★ 7个习惯教出优秀学生（第2版）（全球第一畅销书《高效能人士的七个习惯》教师版）	9787515342573	39.90
学习的科学：如何学习得更好更快（入选中国教育网2016年度"影响教师的100本书"）	9787515341767	39.80
杰出青少年构建内心世界的5个坐标（中国青少年成长公开课）	9787515314952	59.00
★ 跳出教育的盒子（第2版）（美国中小学教学经典畅销书）	9787515344676	35.00
夏烈教授给高中生的19场讲座（入选《中国教育报》"2013年最受教师欢迎的100本书"）	9787515318813	29.90
★ 学习之道：美国公认经典学习书	9787515342641	39.00
★ 翻转学习：如何更好地实践翻转课堂与慕课教学（中国教育新闻网2015年度"影响教师的100本书"）	9787515334837	32.00
★ 翻转课堂与慕课教学：一场正在到来的教育变革	9787515328232	26.00
翻转课堂与混合式教学：互联网+时代，教育变革的最佳解决方案	9787515349022	29.80
翻转课堂与深度学习：人工智能时代，以学生为中心的智慧教学	9787515351582	29.80
★ 奇迹学校：震撼美国教育界的教学传奇（中国教育新闻网2015年度"影响教师的100本书"）	9787515327044	36.00
★ 学校是一段旅程：华德福教师1-8年级教学手记	9787515327945	32.00
★ 高效能人士的七个习惯（30周年纪念版）（全球畅销书）	9787515360430	79.00

您可以通过如下途径购买：
1. 书　　店：各地新华书店、教育书店。
2. 网上书店：当当网（www.dangdang.com）、亚马逊中国网（www.amazon.cn）、天猫（zqwts.tmall.com）
　　　　　　京东网（www.360buy.com）。
3. 团　　购：各地教育部门、学校、教师培训机构、图书馆团购，可享受特别优惠。
　　购书热线：010-65511270 / 65516873